So gelingt die Liebe,
auch wenn der Partner nicht perfekt ist

Wolfgang Krüger

So gelingt die Liebe, auch wenn der Partner nicht perfekt ist

© 2020 Wolfgang Krüger
2. korrigierte Auflage
Unter Mitwirkung von Bärbel Rothhaar
Umschlaggestaltung: Bärbel Rothhaar
Portraitfoto: Gerald Wesolowski
Herstellung und Verlag:
BoD – Books on Demand, Norderstedt
ISBN: 978-3-7431-3798-1

Inhalt

Das Liebesdrama ... 7
Sind Sie glücklich? ... 11
Die glücklichen Paare ... 12
Der Traum von der großen Liebe ... 13
Gehört Leidenschaft zur Liebe? ... 16
Der Mut zum Träumen ... 17
Die alltäglichen Konflikte ... 18
Die Gestaltungskraft ... 22
Die Sozialkompetenz ... 22
Der Motor und die Steuerung der Liebe ... 23
Der richtige Partner ... 24
Das »Große 1 x 1 der Liebe« ... 27
   1. Liebesregel: Die Gesprächskultur ... 27
   2. Liebesregel: Die gute Stimmung ... 28
   3. Liebesregel: Positive Streitgespräche ... 30
   4. Liebesregel: Das gemeinsame Dritte ... 33
   5. Liebesregel: Sich loben ... 34
   6. Liebesregel: Die gegenseitige Unterstützung ... 35
   7. Liebesregel: Der Faktor Zeit ... 35
   8. Liebesregel: Alltagsrituale ... 36
   9. Liebesregel: Vertrauen ... 36
   10. Liebesregel: Das Verzeihen und Versöhnen ... 37
   11. Liebesregel: Das Prinzip der Gegenseitigkeit ... 38
   12. Liebesregel: Zusammenziehen ... 40
   13. Liebesregel: Freunde und Verwandte mögen ... 41
   14. Liebesregel: Das Zukunftsversprechen ... 42
Der Partnerschaftstest ... 43
Störfaktor Partner – Theorie und Praxis ... 48
Die Phantasiereise ... 53

Strategie 1: Analyse 61
Strategie 2: Sie müssen wissen, wo die Erblast steckt 63
Strategie 3: Lassen Sie es sich gut gehen 65
Strategie 4: Investieren Sie wieder in die Partnerschaft 66
Strategie 5: Erfolgskontrolle 71
Strategie 6: Gespräch 72
Strategie 7: Paartherapie 80
Strategie 8: Die eigene Veränderung 93
Strategie 9: Freundschaften 100
Strategie 10: Selbstbewusstsein 105
Strategie 11: Konsequent sein 110
Strategie 12: Die eigene Entwicklung 111
   Impulse 1: Die eigenen Lebensziele 111
   Impulse 2: Das gemeinsame Problem 114
   Impulse 3: Aufschaukelnde Rollenmuster 117
   Impulse 5: Die Ergänzungseigenschaften 131
   Impulse 6: Die vier großen Bereiche des Lebens 134
   Impulse 7: Die innere Mitte 136
Strategie 13: Der aufregende Sex 141
Strategie 14: Geschütze auffahren 147
Strategie 15: Humor 150
Strategie 16: Mit Rückschlägen rechnen 152
Wir trennen uns zu früh 154
Ein Wunder… 158

Wer nicht mehr liebt und nicht mehr irrt,
der lasse sich begraben.
Goethe

Das Liebesdrama

Über 2/3 aller Deutschen glauben an die große Liebe, doch nur 1/3 aller Partnerschaften sind gut. Das ist das eigentliche Drama unseres Lebens. Ich will Ihnen daher in diesem Buch aufzeigen, wie Ihre Liebeswünsche – trotz aller Schwierigkeiten - in Erfüllung gehen können. Nach meiner jahrzehntelangen Erfahrung lassen sich 90 % der Partnerschaften erheblich verbessern. Diese Erkenntnis hat mich immer sehr optimistisch gestimmt. Denn die Liebe ist die Basis unseres Glücks und die Partnerschaft ist daher für mich das wichtigste Lebensthema.

Doch wie gelingt die Liebe? Was können Sie tun, damit Ihre Partnerschaft besser wird? Um diese Fragen kreiste jahrelang eine Tagung, die ich zusammen mit der Berliner Urania leitete. Für diese Tagung bat ich Prominente um ein kurzes Motto. Sie sollten die Worte ›Die Liebe gelingt‹ zu einem Satz ergänzen. Daraufhin rief mich die wunderbare Schauspielerin Angela Winkler an und meinte:

»*Die Liebe gelingt, wenn man neugierig bleibt ...*«

Kurz darauf schrieb mir der geniale Moderator Max (Dieter) Moor:

»*Die Liebe gelingt ... Nie! ... Sie ist keine Turnübung und kein Geschicklichkeitsspiel, sie ist wie das Leben selbst ... ein Geschenk auf Zeit!*«

Sie sehen, wie gegensätzlich über die Liebe gedacht wird! Wir werden uns daher ausführlicher mit drei Fragen beschäftigen:

- Gibt es eine dauerhafte Liebe?
- Warum scheitert sie so oft?
- Und vor allem: Was kann man für ihr Gelingen tun?

Sicher sind wir uns darüber einig, dass die Liebe zwischen Partnern in den ersten Jahren gelingen kann. Vielleicht erinnern Sie sich noch daran: Sie waren verliebt, mussten sich ständig berühren. Sie dachten immer an ihn bzw. sie. Aber ist es möglich, dass dieser Zustand lange anhält? Kann die Liebe über Jahrzehnte hinweg lebendig bleiben?

Zwar wollen wir realistisch sein. Wir wissen, dass in jeder Liebesbeziehung spätestens nach zwei Jahren eine gewisse Enttäuschung eintritt. Wir wissen, dass es in jeder Partnerschaft Krisen und Konflikte gibt. Wir wissen, dass in Großstädten jede zweite Ehe scheitert. Aber es wäre doch schön, wenn man trotzdem ein wenig vom Zauber der ersten Liebesphase erhalten könnte. Sonst wäre eine Partnerschaft nur eine Zweckgemeinschaft, in der man den Einkauf organisiert, sich im Krankheitsfall hilft, die Kinder großzieht. Natürlich wäre das schon viel. Unsere Großeltern waren damit zufrieden. Aber ist das Liebesglück nicht mehr? Sollte man nicht gelegentlich zumindest das Gefühl haben, dass man sich sehr freut, dass der andere da ist? Dass man immer wieder ein wenig verliebt ist?

Was ist die Liebe?

Nun müssen wir zunächst die Frage beantworten: Was ist das Liebesglück? Was sollte nach zehn Jahren noch vorhanden sein, was suchen wir in der Partnerschaft? Ich las kürzlich bei Jürg Willi die Antwort, es sei vor allem Geborgenheit. Wir wollen uns irgendwo aufgehoben fühlen. Dazu hat Jean Giono ein wunderbares Sprach-Bild geschaffen. Er meint, es seien die kleinen Täler, in denen das Glück der Menschen läge – wo man sich von einem Rand zum anderen zurufen könne. Wir suchen also Vertrautheit. Diese empfinden wir, wenn wir nach einem anstrengenden Tag die Wohnung betreten, das Essen steht auf dem Tisch und wir entspannen, weil wir umfänglich angekommen sind. Oder wir wachen morgens auf, die Partnerin, der Partner gähnt, man umarmt sich kurz. Noch hat man nicht jene Kontrolle, die man tagsüber anstrebt, noch regt sich in uns eine naive Anlehnungsfähigkeit und man spürt: Hier bin ich geborgen.

Vielleicht werden Sie aber einwenden, die Liebe sei doch mehr. Die Geborgenheit erlebt man ja auch bei seinen Eltern und Großeltern. Und wenn unsere Beziehung in die Jahre gekommen ist, kennen wir trotzdem oft ein Gefühl der Geborgenheit – während die Erotik auf der Strecke geblieben ist. Was also ist das Typische an der Liebe, was lässt uns am Anfang so schweben, warum sind wir so verrückt, dass wir stundenlang laufen würden, um den anderen zu sehen?

Du bist wunderbar!

Sind es die Hormone? Ist die Liebe vor allem etwas Körperliches? Es scheint so zu sein, denn man berührt sich in der Phase der Verliebtheit fast ständig, man küsst sich, schläft miteinander. Aber das Entscheidende ist doch: Ich bin für einen anderen Menschen das Wichtigste auf der Welt. Ich bin für ihn etwas Besonderes und fühle mich von ihm erkannt. Von ihm bekomme ich enorm viel Anerkennung, denn ich bin für ihn ein einzigartiger, ein wunderbarer Mensch. Und dieser Partner ist im Allgemeinen auch bereit, meine Wünsche zu erfüllen. Er will, dass es mir gut geht. Deshalb schwebe ich. Deshalb fühlen wir uns alle am Anfang so unendlich stark, so lebendig, wenn wir lieben. Die Liebe eines einzigen Menschen reicht aus, dass wir das Gefühl haben, alle Schwierigkeiten überwinden zu können. Und das ist nicht übertrieben, Liebe kann wirklich Berge versetzen und uns beflügeln. So bekannte auch einmal Liv Ullmann, sie habe sich – als sie verliebt war – so leicht gefühlt, als wären die Wolken unter ihren Füßen gewesen.

Verliebtheit ist das Bindematerial

Nun ist es sicher normal, wenn dieser Ausnahmezustand nach einigen Wochen oder Monaten endet. Die Freunde sind froh, dass wir uns öfter melden, wir wenden uns wieder stärker der Arbeit zu, die Normalität hat uns eingeholt. Und nach zwei bis drei Jahren ist die Verliebtheit dann so gut wie immer vorbei. Sie hat ihre Aufgabe erfüllt. Sie war das Bindematerial, das zum Aufbau der Beziehung wichtig war. Jetzt kommt der Alltag der Liebe. Doch wie sieht es inzwischen mit der Anerkennung aus? Zwei Beispiele aus meiner Praxis:

- Ein Mann fragte seine Partnerin: »Was gefällt Dir an mir?« Sie sagte: »Du gehst so gut einkaufen.«
- Eine Ehefrau fragte ihren Ehemann, nachdem sie gekocht hatte: »Hat es Dir geschmeckt?« Seine lapidare Antwort: »Ging so!«

Sind diese Aussagen nicht tragisch, obgleich sie komisch klingen? Aber werden Sie denn von Ihrem Lebenspartner mit Anerkennung überschüttet? Hören Sie in Ihrer Partnerschaft gelegentlich das Versprechen: »Ich will, dass es Dir gut geht«?

In den meisten Partnerschaften gibt es ein massives Anerkennungs-Defizit. Zwar geht es uns in diesen Beziehungen trotzdem halbwegs gut. Wir haben keinen Grund, uns zu trennen. Dennoch überlegen wir uns gelegentlich, ob es nicht besser wäre zu gehen. Andererseits halten uns die vielen Momente, in denen wir uns über den anderen freuen, davon ab. Die meisten Partnerschaften sind also ›durchwachsen‹. Häufig ärgern wir uns und sind enttäuscht, aber dann nähern wir uns wieder an, fühlen uns verstanden und sind erstaunt, wie gut es uns miteinander geht. Doch von einem wirklichen Glücksgefühl ist dies weit entfernt.

Sind Sie glücklich?

Es ist sicher verwegen, dass wir uns die Frage stellen, ob wir in der Liebe glücklich sind. Im Allgemeinen begnügen wir uns damit, zufrieden zu sein. Dennoch stelle ich Ihnen bewusst die Frage: Sind Sie in Ihrer Liebesbeziehung glücklich?

Allerdings kenne ich viele Singles, die bezweifeln, dass es überhaupt glückliche Paare gibt. »Schau Dich doch einmal um«, sagte mir kürzlich eine Kollegin. »Alle streiten sich nach einigen Jahren, die Männer laufen in ausgebeulten Turnhosen herum, werden immer dicker, die Haare fallen ihnen aus, wirklich glücklich ist keiner, jeder Zweite geht fremd.« Diese Meinung schien mir etwas zugespitzt zu sein und ich suchte deshalb nach Experten-Einschätzungen. Bald wurde mir jedoch klar, dass es die unterschiedlichsten Experten-Urteile über das Glück in der Ehe gibt. Ich habe deshalb eine eigene Umfrage durchgeführt und 115 Ehepaare gefragt, ob sie im Großen und Ganzen glücklich seien. Nur 28 % äußerten sich zustimmend. Offenbar ist die Mehrzahl der Ehen durchschnittlich oder unbefriedigend. Oft bleibt man vor allem, weil man nicht davon überzeugt ist, dass eine neue Beziehung besser sein könnte. Dies jedenfalls ist die Auffassung des amerikanischen Familiensoziologen David H. Olson. Er meint, dass 40 % aller Ehen wacklig seien, man bliebe nur zusammen, weil man keine Alternative hätte.

Die glücklichen Paare

Nun gibt es aber durchaus Paare, die auch nach vielen Jahren glücklich sind. Selbst nach 20 und 30 Ehejahren spüren sie gelegentlich Herzklopfen. Das kann inzwischen sogar die Wissenschaft nachweisen. Das Team um den Sozialpsychologen Arthur Aron von der Stony Brook University in New York hat Paare gefunden, die sich noch nach Jahrzehnten leidenschaftlich begehren. In einem Magnetresonanz-Tomographen verglich man die Gehirne von Frischverliebten mit denen von Paaren, die im Durchschnitt 20 Jahre zusammen waren. Während der Untersuchung wurden den Probanden Fotos ihrer Partner gezeigt. Die Sensation war: Jedes dieser Langzeitpaare wies die gleichen Hirnaktivitäten und chemischen Reaktionen wie die frisch verliebten Paare auf. Man konnte gleichsam die romantischen Gefühle durch ein Aufleuchten bestimmter Gehirnareale sichtbar machen.

Zwar sollten wir wissen: Auch bei diesen glücklichen Paaren gibt es manchmal Streitigkeiten, nicht alle Wünsche gehen in Erfüllung. Und dennoch erleben sie, dass sie selbst nach langer Beziehungsdauer gelegentlich sehr in den anderen verliebt sind. Dass sie sich gern in den Arm nehmen, dass die Erotik lebendig ist. Es sind Paare, die sich gegenseitig viele Erwartungen erfüllen und mitunter fühlen: Es ist wunderbar, dass wir zusammen sind. Lesen Sie einmal das Buch »Brief an D.« des französischen Philosophen André Gorz. In anrührender Weise schreibt er an seine Frau: »Bald wirst Du jetzt zweiundachtzig sein. Du bist um sechs Zentimeter kleiner geworden. Du wiegst nur noch fünfundvierzig Kilo, und immer noch bist Du schön, graziös und begehrenswert. Seit achtundfünfzig Jahren leben wir nun zusammen, und ich liebe Dich mehr denn je. Kürzlich habe ich mich von neuem in Dich verliebt, und wieder trage ich in meiner Brust diese zehrende Leere, die einzig die Wärme Deines Körpers an dem meinen auszufüllen vermag.«

Solche Liebespaare sind keine Einzelfälle. Wenn Hollywood-Star Tom Hanks irgendwo in der Welt über einen roten Teppich schreitet, hält er meist seine attraktive Frau Rita Wilson stolz im Arm. »Vom ersten Augenblick an« habe er gewusst, dass sie »die Richtige« sei, schwärmt der Schauspieler. Auch wenn die Ehe nun schon mehr als zwei Jahrzehnte dauere, »fühlt es sich an, als würden wir gerade erst in den Startlöchern stehen«.

Der Traum von der großen Liebe

72 % der Deutschen, ja sogar 94 % der Jugendlichen glauben an die große Liebe – so die Shell-Studie aus dem Jahre 2006. Und ich bin der Überzeugung, dass wir zu Recht von der großen Liebe träumen. Diese Liebesvorstellungen mögen manchmal übertrieben sein, denn wir müssen die Realität zur Kenntnis nehmen. Aber dennoch: Träume sind wichtig, weil sie ein enormes Kraftpotential haben. Sie geben uns die Hoffnung, unsere Beziehungen positiv gestalten zu können. Ich habe immer wieder die Erfahrung gemacht: Wer wenig erhofft, bekommt im Leben wenig. Wir müssen von der Liebe viel erhoffen, um ausreichend viel zu erhalten. Wer nur realistisch ist, wird nie erleben, was Liebe wirklich bedeutet. Deshalb bin ich auch so skeptisch, wenn Michael Mary schreibt, man solle sich nicht nach seinen Träumen richten, sondern das miteinander leben, was möglich ist. Unsere Träume sind ein wichtiger Ratgeber. Das Mögliche einer Beziehung ist manchmal zu wenig. Wir brauchen feste Orientierungspunkte in Form von Idealen. Sonst bleiben wir oft in einer schwierigen, unbefriedigenden Beziehung stecken. Damit dürfen wir uns nicht abfinden. Zu Recht warnt Erich Fried:

*Ich will nicht dorthin kommen
wo an der Stelle
der erschöpften Liebe
die Gleichgültigkeit
sich breitmacht ...*

Selbstverständlich ist es ein hoher Anspruch, eine glückliche Ehe zu führen. Jedes Jahr trennen sich in Deutschland 200 000 Paare. Jede dritte Ehe scheitert nach durchschnittlich 14 Jahren. Deshalb ist es grundsätzlich sinnvoll, zunächst pragmatisch mit dem Thema Liebe umzugehen. Zu Recht rät der Heidelberger Arzt und Psychologe Arnold Retzer, man solle die Liebe nicht als Wunder ansehen, auf das man warten müsse. Vielmehr solle man sie als durchführbares Projekt verstehen. Diese Aufforderung ist berechtigt, denn es gibt Menschen, die zu viel von einer Liebesbeziehung erhoffen.

Die kitschigen Liebesromane

Lesen Sie einmal Madame Bovary von Flaubert. Er beschreibt eine sehr gefühlsbetonte Frau, die alles von der Liebe ersehnt und der Meinung ist, die Emotionen müssten wie eine Sturzflut von ihrem Leben Besitz ergreifen. Sie liest kitschige Liebesromane, die ihr vorgaukeln, es gäbe das rauschende Liebesglück. Doch ihre Leidenschaft versiegt bereits nach kurzer Zeit und sie ist überzeugt, mit dem falschen Mann zusammen zu sein. Daher geht sie fremd und ihr Leben scheitert zunehmend. Und auch für uns ist es verhängnisvoll, wenn wir einem romantischen Liebestraum nachhängen. Dies wurde mir deutlich bewusst, als eine junge Frau zu mir in die Therapie kam, die mit Vorliebe der Realität entfloh, indem sie schlechte Liebesromane las. Das sind jene Romane, in denen der Traumprinz die Prinzessin bekommt oder die schüchterne Patientin den Chefarzt heiratet. Jedenfalls war diese junge Frau regelmäßig darüber verstimmt, dass ihr Mann gelegentlich ungeschickt und vergesslich war. Er war eben nicht der Held auf dem weißen Ross – vielmehr war er so normal und fehlerhaft wie jeder von uns. Doch er war bodenständig, hilfsbereit und gutmütig, was sie jedoch nicht wertschätzen konnte. Zu sehr war sie von ihm enttäuscht, weil er nicht dem Ideal ihrer Romanhelden entsprach. Vielleicht werden Sie nun sagen, dass diese Frau sehr naiv war. Aber glauben wir nicht alle irgendwie an die romantische Liebe? Sind wir nicht auch davon überzeugt, dass wir nur »den Richtigen« treffen müssen? Die Liebe wird dann wie eine äußere Macht empfunden, wie ein Schicksal, das uns zustößt. Wie viel Arbeit zur Liebe gehört, dass sie teilweise sogar planbar ist, wird verleugnet. Dass die Liebe auch eine Wissenschaft ist, die wir uns aneignen können, wird nicht gesehen.

Liebe ist auch Arbeit

Die romantische Liebe enthält viele Erwartungen, die verlockend sind, aber fast kindlich anmuten. Oft suchen wir in der Liebe jene unbekümmerte Vertrautheit, die wir manchmal als Kinder empfanden. Oder wir suchen jene Liebe, die wir nie erleben durften. Solche Wünsche sind sehr verständlich. Die reale Welt ist oft versagend, es liegt nahe, dass wir uns mitunter in eine Wunschwelt flüchten. Doch abgesehen davon, dass solche Phantasien kaum in Erfüllung gehen, hindern sie uns sogar daran, glücklich zu werden, indem sie uns eine falsche Orientierung vermitteln. Sie fordern uns nicht auf, etwas in unserem Leben zu verändern, mit ihm zu ringen. Stattdessen werden wir zu schnell empfindlich und sind enttäuscht. Insofern ist es wichtig, dass wir die Realität anerkennen und trotzdem an die Liebe glauben. Wir brauchen eine realistische Romantik. Und zu einem solchen Realismus gehört es, dass wir mit Schwierigkeiten rechnen und bereit sind, intelligente Lösungen für die komplizierten Probleme in Partnerschaften zu finden.

Gehört Leidenschaft zur Liebe?

Liebe muss nicht immer und ununterbrochen glücklich machen, sie ist oft eine Aufgabe, ein Ziel. Aber dies ist nur ein Aspekt der realistischen Romantik. Der andere Aspekt besteht darin, dass Liebe auch innige Gefühle und Leidenschaft beinhalten sollte. Das sehen aber nicht alle Menschen so. Ich höre immer wieder die Meinung, man könne auch ohne Leidenschaft in einer Partnerschaft glücklich werden. Es wird argumentiert, dass das »Sich aufeinander verlassen können« auf Platz 1 unserer Partnerschaftserwartungen steht. Und jeder zweite Deutsche meinte sogar – bei einer Umfrage im Auftrag der Frauen-Zeitschrift Elle aus dem Jahre 2000 – eine vernunftgesteuerte Beziehung sei oft erfolgreicher als eine emotionale. Offenbar suchen wir in einer Liebesbeziehung vor allem Sicherheit.

Aber ist dies nicht Ausdruck einer tiefen Resignation? Ist es nicht absurd, dass wir immer wieder an der großen Liebe zweifeln? Vor allem Frauen lassen sich im Kino von Liebesfilmen zu Tränen rühren, während sie im Alltag versuchen, den müden Ehemann zu ertragen. Ihre Resignation ist verhängnisvoll. Deshalb bewegt es mich sehr, wie junge Menschen heutzutage die Liebe bejahen. Man heiratet in Schlössern, gestaltet diesen Tag als den schönsten des Lebens. Man ist weit entfernt von jener Skepsis gegenüber der Liebe, die ich noch während der Studentenbewegung empfand. Inzwischen haben viele junge Paare keine Angst mehr vor intensiven Gefühlen und romantischen Inszenierungen. Ich begrüße diese Entwicklung sehr, denn insgeheim sind wir doch auch tief romantisch veranlagt.

Deshalb würden sich die meisten von Ihnen auf keine Beziehung einlassen, in der das Herzklopfen fehlt. Sie handeln richtig. Gelegentlich muss die Liebe, muss das Feuer der Leidenschaft dazugehören. Wenn es gar keine Leidenschaft mehr gäbe, sollten wir uns nicht wundern, wenn einer fremdgeht. Denn die Liebe besteht immer aus einem Spannungsverhältnis zwischen zwei Zuständen: dem leidenschaftlichen Traum und der Bodenständigkeit. Deshalb gelingt die Liebe nur, wenn wir fest in der Erde verwurzelt sind und zugleich mit unserem Herzen nach dem Himmel greifen.

Der Mut zum Träumen

Wir sollten also nicht nur Realisten sein und die Welt so sehen, wie sie ist. Wir brauchen auch den Mut zum Träumen, wir brauchen die Hoffnung, dass zumindest ein Teil unserer Liebeswünsche in Erfüllung geht. Erst dann haben wir eine sichere Orientierung für unser Liebesleben. Denn oft verlaufen Partnerschaften wie im Sand, wie im Dschungel, und es ist wichtig, dass wir dann eine Ahnung davon haben, was die Liebe sein könnte. Darum möchte ich Ihnen vorschlagen: Bewahren Sie Ihre Träume. Manchmal mögen Sie die Träume in die Irre führen, aber oft haben Sie doch das richtige Bauchgefühl. Sie wissen, wie die Liebe sein sollte, wie eine Partnerschaft aussehen könnte. Halten Sie daran fest! Es ist ein Unglück, wenn Sie sich zu sehr an die Welt anpassen, die immer wieder versagend ist. Glauben Sie an die Utopie der Liebe!

Das Leben ist kein Wunschkonzert

Nun werden Sie vielleicht erwidern: »Das ist eine wunderbare Aufforderung. Das klingt gut. Doch wie soll ich mit meiner Utopie der Liebe umgehen, wenn mein Mann schnarcht, spät nach Hause kommt, mir wenig Anerkennung gibt und seine Socken rumliegen lässt?« Sie können dann natürlich resignieren: Sigmund Freud hat einmal mahnend gemeint, die Welt sei kein Wunschkonzert. Und wir wissen alle, dass wir die große Liebe der Anfangszeit nicht zurückholen können. Wir alle wissen: Liebesbeziehungen sind manchmal nett, manchmal sogar gut, mitunter sind sie furchtbar. Wir wissen:

- Eine Partnerschaft macht nicht immer glücklich.
- Eine Beziehung schafft sogar Probleme, die man sonst nicht hätte.

So verwundert es nicht, dass Kurt Tucholsky die Liebe auch als Last angesehen hat. Wenn wir also trotzdem am Traum von der Liebe festhalten wollen, müssen wir erklären: Wie gelingt die Liebe? Oder noch konkreter: Woran scheitert sie so oft?

Die alltäglichen Konflikte

Ich habe inzwischen über fünfhundert Liebesbeziehungen mit mehrstündigen Interviews erforscht und bin immer wieder erstaunt. Eines der wichtigsten Ergebnisse meiner Studien besteht in der Erkenntnis, dass Partnerschaften sehr robust sind und nicht leicht scheitern. Wenn ich sie mit einem Haus vergleichen würde, könnte ich sagen: Sie sind wie eine Burg aus Feldsteinen. Erst starke und andauernde Erschütterungen führen dazu, dass das Mauerwerk rissig wird und schließlich zerfällt. Kleine Krisen können die Partnerschaft nicht bedrohen. Dazu ist die Liebe, ist das Gefühl der Zusammengehörigkeit, ist das Band der Nähe am Anfang viel zu stabil. Erst massive Belastungen bringen die Liebe zum Einsturz.

Der Hauptkonflikt

In jeder Partnerschaft gibt es Beeinträchtigungen, denen wir nicht ausweichen können. So gibt es nach der Verliebtheit fast zwangsläufig eine Phase der Ernüchterung. Sie kann dazu führen, dass die Liebe erste Risse bekommt. Aber scheitern kann die Liebe daran nicht. Die Liebe scheitert erst an ungeschickten

Antworten auf andauernde Konflikte, die im Alltag immer wieder auftreten. Und der Hauptkonflikt besteht darin, dass sie nicht das will, was er möchte, dass er nicht das will, was sie möchte. Keiner geht wirklich auf die Bedürfnisse des anderen ein, beide sind gekränkt und enttäuscht. Deshalb kommt es bei fast allen Paaren nach einigen Jahren zu einer negativen Bilanz: Jeder überlegt, was er dem anderen gegeben hat, und rechnet dann auf, was er alles nicht bekam – obgleich er dies beanspruchen durfte.

Typisch ist folgende Bilanz:

- Er sagt: »Sie gibt mir nie Anerkennung, Sex ist extrem selten, höchstens einmal im Monat und sie ist oft schlecht gelaunt, ich kann ihr nichts rechtmachen. Dabei arbeite ich so viel.«

- Sie sagt: »Er hilft mir nicht in der Küche, redet zu wenig mit mir und ist nicht zärtlich. Dass ich mich so intensiv um die Kinder kümmere, nimmt er nicht wahr.«

Vielleicht erkennen Sie sich in diesen Aussagen. Dann fragen Sie sich wahrscheinlich auch: Ist es nicht tragisch, dass keiner der Ehepartner auf die Bedürfnisse des anderen eingeht? Jeder hat so den Eindruck, dass er mehr gibt und zu wenig bekommt. Das Geheimnis einer guten Ehe besteht demzufolge darin, dass ich auf die Erwartungen des anderen positiv reagiere, gleichzeitig aber auch auf die Erfüllung meiner Bedürfnisse achte. Deshalb ist eine Partnerschaft nie unkompliziert, denn immer gibt es Konflikte zwischen dem, was wir selbst wollen und was der Partner will. Diese Konflikte ergeben sich vor allem bei den Grundbedürfnissen nach Nähe, Anerkennung, Versorgung und Körperkontakt.

Diese Konflikte spitzen sich fast immer im Laufe der Jahre zu. Denn am Beginn einer Liebesbeziehung sind wir durchaus gewillt, die Grundbedürfnisse des anderen zu beachten. Und wir selbst haben auch den Eindruck, dass wir großzügig beschenkt werden. Doch dann gibt es tausende kleine Enttäuschungen, wir müssen zahllose Kränkungen ertragen und es entsteht ein gegenseitiger Rückzug. Beide investieren jetzt weniger in die Partnerschaft, bekommen weniger und sind massiv unzufrieden.

Aber was passiert in diesen Krisen, warum geraten die meisten Beziehungen in einen solchen Teufelskreis? Warum können wir mit den gegenseitigen Erwartungen nicht so umgehen, dass jeder zufrieden ist? Die wesentliche Ursache dafür liegt darin, dass uns häufig zwei Eigenschaften fehlen, von denen das Gelingen einer Partnerschaft abhängt. Sie sind die wichtigsten Faktoren für eine gute Liebesbeziehung.

Gestaltungskraft und Sozialkompetenz

Ich fand die beiden Faktoren, nachdem ich in meinen Beratungen auf eine aufregende Beobachtung stieß: Es gibt Menschen, die offenbar partnerschaftsfähiger sind als andere. Nicht immer sind sie in ihren Beziehungen glücklich. Aber sie entwickeln sich in ihren Partnerschaften, sie lernen dazu und bauen schließlich gemeinsam eine Beziehung, in der es ihnen gut geht. Zwar haben sie keinen Plan im Kopf, sie befolgen keine bewussten Regeln, aber sie verfügen über die richtige Einstellung. Sie verfügen über Persönlichkeitseigenschaften, die sie teamfähig machen. Und nun ist es für jeden von uns lebenswichtig, dass wir diese Eigenschaften kennen. Wir müssen sie beachten, wenn wir einen Partner suchen.

Die schwierige Forschungsarbeit

Allerdings war es nicht leicht für mich, diese Eigenschaften zu erkennen. Es ist sehr schwierig, Partnerschaftsprozesse wirklich tiefgreifend zu analysieren. Es ist mir nur gelungen, weil ich in unzähligen Stunden das Leben vieler Menschen begreifen konnte, wobei im Zentrum meines Interesses immer die Liebe stand. Ich bin Paartherapeut, ich arbeite aber auch als Psychotherapeut und führe Behandlungen durch, die meist ein bis zwei Jahre dauern. Das hat den großen Vorteil, dass ich das Leben vieler Menschen genauer verstehen kann. Ich erfrage dann das Familienschicksal, lerne in den Schilderungen die Eltern, oft sogar die Großeltern kennen, weiß viel über die Jugend und die Kindheit der Patienten und erfahre, was ihre Überlebensstrategien waren. Ich erfasse also ihren Charakter. Und dann höre ich ihr Liebesschicksal. So nenne ich die Geschichte ihrer Partnerschaften. Und im Laufe von vielen Stunden wird mir klar, wie sich die Kindheit, wie sich der Charakter eines Menschen auf seine Partnerschaft auswirkt.

So wie ein Handwerker früher stundenlang vor einer Turmuhr saß, um ihr Innenleben zu studieren, kann ich das Geheimnis der Liebe entschlüsseln. Denn den Schlüssel für die Probleme der Liebe finden wir nur, wenn wir auch den Charakter beider Partner verstehen. Immer ziehen sich bestimmte Persönlichkeitseigenschaften wie eine stille Melodie durch das Leben jedes Menschen. Und diese Eigenschaften müssen wir ergründen, von ihnen hängt die Fähigkeit ab, Partnerschaften wirklich zu gestalten.

Eigendrehung und Fremddrehung

Im Laufe meiner Studien wurde mir klar, dass vor allem zwei Eigenschaften für eine Partnerschaft wichtig sind. Es handelt sich um zwei gegensätzliche Eigenschaften, die sich auf den ersten Blick auszuschließen scheinen: Zum einen ist es die Eigendrehung, bei der man innerlich sehr bei sich bleibt. Solche Menschen können gut bestimmen und empfinden die Mitmenschen wie eine Ergänzung des eigenen Lebens. Zum anderen ist es die Fremddrehung, dann haben Menschen quasi seelische Radarantennen ausgebildet.

Die Gestaltungskraft

Wer die Eigendrehung beherrscht, weiß, was er will. Ich nenne dies die Gestaltungskraft. Das ist jene Kraft, die notwendig ist, damit Sie Ihre Ideen, Ihre Wünsche und Ziele in der Beziehung realisieren können. Es ist die Kraft, über die Sie verfügen, um auf Ihren Partner einzuwirken. Letztlich stellen sich für Sie doch immer zwei Fragen: »Weiß ich, was ich möchte? Habe ich den Mut, meinem Partner zu sagen, was ich will, riskiere ich notfalls einen Konflikt?« Dazu brauchen Sie ein gutes Selbstbewusstsein, auch ein solides Durchsetzungsvermögen. In der Politik und im Wirtschaftsleben würde man sagen: Sie sind ein gestandener, ernstzunehmender Verhandlungspartner.

Die Sozialkompetenz

Wenn Sie sich jedoch anpassen, wenn Sie die Fremddrehung leben, sind Sie eher der soziale Typ. Auch dies ist für eine Partnerschaft wichtig. Letztlich ist sie eine Teamaufgabe, die sehr viel Wir-Gefühl erfordert. Sie sollten also über soziale Geschicklichkeit verfügen. Das bedeutet vor allem, dass das Einfühlungsvermögen entscheidend ist. Alfred Adler hat dies einmal so erklärt: Man müsse mit dem Herzen des anderen fühlen, mit seinen Augen sehen, seinen Ohren hören. Sie müssen sich also in den anderen hineinversetzen können. Aber wollen Sie wirklich erfahren, wie es Ihrem Partner, Ihrer Partnerin geht? Haben Sie den Mut, ihn oder sie zu fragen: »Wie geht es Dir mit mir?« Erkundigen Sie sich manchmal beim Partner: »Was kann ich tun, damit Du mit mir glücklich bist?« Normalerweise wissen wir doch nur ansatzweise, wie es dem anderen in der Beziehung mit uns geht!

Der Motor und die Steuerung der Liebe

Wir sind also in einer guten Beziehung auf zwei sehr unterschiedliche Eigenschaften angewiesen: Die Gestaltungskraft ist wie der Motor eines Autos, die Sozialkompetenz ist die Steuerung. Leider verfügen wir oft nur über eine der beiden Eigenschaften. Es gibt Menschen mit hoher Sozialkompetenz und geringer Gestaltungskraft. Über sie sagt man, sie seien nett! Dann gibt es die Menschen mit hoher Gestaltungskraft und geringer Sozialkompetenz, das sind die Dominanten, heute auch als die Ego-Shooter bekannt. Passenderweise ist oft ein Dominanter mit einem Netten zusammen und das geht gut – bis sich der Nette wehrt. Allerdings führt dies meist zu großen Machtkämpfen. Deshalb ist es wichtig, dass Sie sich einen Partner suchen, der sowohl selbstbewusst als auch sozial ist, der bestimmen kann und zugleich anpassungsfähig ist.

Leicht ist dies nicht. Kürzlich sagte mir eine Patientin: »Entweder die Männer sind selbstbewusst, dann ist das Leben mit ihnen spannend, aber schwierig. Oder aber die Männer sind sozial, dann sind sie oft langweilig, es sind keine richtigen Männer.« Das mag so sein, aber ich bin davon überzeugt, dass es tatsächlich Männer und Frauen gibt, die sowohl über Sozialkompetenz als auch Gestaltungskraft verfügen. Doch sie zu finden ist wie die Suche nach einem Diamanten. Man braucht viel Ausdauer und natürlich auch Humor, um bei der Suche nicht zu resignieren. Aber leider sind wir bei der Wahl des Partners meist zu wenig mutig, zu wenig anspruchsvoll. Wir suchen nicht lange genug. Wie langwierig die Suche sein kann, sehen wir am »Petersburger Modell«. So nenne ich die Erkenntnis der Petersburger Mütter, die früher ihre volljährigen Söhne zu zahlreichen Bällen schickten. Sie wussten, dass ihre Söhne fast immer »unter der Haube« waren, wenn sie dreihundert junge Frauen gesehen hatten, die im Alter und der Bildungsschicht zu ihrem Liebesschema passten.

Der richtige Partner

Seien Sie also anspruchsvoll bei der Partnerschaftswahl. Investieren Sie ruhig zwölf Monate Ihres Lebens, sonst müssen Sie viele Jahre mit einer schwierigen Liebeswahl leben. Nun wird uns gelegentlich vorgegaukelt, es sei egal, wen man heiratet. Aber von einer geschickten Partnerwahl hängt viel ab. Wir müssen uns nicht nur jemanden suchen, mit dem wir glücklich sind – dieser Partner muss auch in der Beziehung mit uns glücklich sein. Doch dies setzt voraus, dass er seine Bedürfnisse artikulieren kann und über soziale Kompetenz verfügt. Und jetzt wird es spannend, denn sobald ein Mangel bei einer dieser beiden Eigenschaften besteht, kommt noch ein weiterer Faktor ins Spiel: die Bindungsbereitschaft.

Liebesbeziehungen sind deshalb so schwierig, weil wir nie nur zwei, sondern drei Faktoren vorfinden und wie im Zirkus gleichsam mit drei Kugeln jonglieren müssen. Denn Beziehungen können nur gelingen, wenn jeder – neben seinem Wunsch nach Autonomie – einen großen Wunsch nach Nähe verspürt. Dies Bedürfnis nach Nähe ist vor allem bei unsicheren Menschen sehr wechselhaft. Denn sobald sie in der Liebesbeziehung nicht zufrieden sind, ziehen sie sich immer zu schnell zurück. Sie sind zu empfindlich und haben oft Trennungsgedanken. Unsichere Menschen mögen für uns manchmal attraktiv sein, wir fühlen uns überlegen, wenn wir ihnen helfen können. Doch eine zu große Hilfsbedürftigkeit ist eine Gefährdung für die Partnerschaft.

Die drei Empfehlungen

Vielleicht sind Sie sich manchmal unsicher, ob Ihr Partner über die drei wichtigen Eigenschaften verfügt. So ging es auch einer jungen Französin aus dem Freundeskreis, die ich vor zwei Jahren beraten durfte. Sie klagte, dass sie immer wieder an die falschen Männer geraten würde. Ich riet ihr, sie solle sich an den drei Faktoren Gestaltungskraft, Sozialkompetenz und Bindungsfähigkeit orientieren. Das war ihr aber zu abstrakt und deshalb beschrieb ich ihr genauer, worauf sie achten solle. Daraus ergab sich folgende Empfehlung:

- Achte auf die Gestaltungskraft: Du erkennst sie daran, ob ein Mann von sich erzählen kann, seine Wünsche äußert, selbstbewusst ist und die Initiative übernimmt! Wenn ein Mann immer Unsicherheit signalisiert, von Problemen und Krankheiten berichtet – dann meide ihn als Partner und wähle ihn lieber zum Freund.
- Achte auf die Sozialkompetenz: Kann er zuhören, geht er auf Deine Wünsche ein und kann er souverän mit Deiner gelegentlichen Kritik umgehen?
- Achte auf die Bindungsfähigkeit: Ruft er immer mal wieder an und meldet sich, so dass Du nicht zu sehr in eine Warteschleife kommst?

Tatsächlich traf sie dann einen ungewöhnlich netten Mann und war sehr irritiert. Er war gesprächsfähig, wirkte selbstbewusst und einfühlsam. Aber obwohl er attraktiv war, hatte er jahrelang allein gelebt. Sie wollte daher von ihm wissen, ob er bindungsfähig sei. Diese kritische Nachfrage war auch ein wunderbarer Test für seine Sozialkompetenz, den er bestand. »Ich bin anspruchsvoll und habe jahrelang auf eine Frau wie Dich gewartet«, war seine romantische Antwort. Und dann machte er den überraschenden Schritt: Er stellte ihr seine Familie vor.

Das war geschickt, denn wer eine einigermaßen gute Kindheit erlebte, hat mehr Chancen auf eine zufriedenstellende Partnerschaft als Menschen mit einer schwierigen Familiengeschichte. Entscheidend ist hierbei jeweils, ob ein sicheres Bindungsmuster entstanden ist. Wer sich immer vernachlässigt, gekränkt oder dominiert fühlte, trägt große Erblasten in die neue Beziehung hinein. Deshalb sollte man sich immer die zukünftigen Schwiegereltern anschauen, weil man dann sehr schnell jene Störungsmuster kennenlernt, die sonst in der Partnerschaft bereits nach etlichen Monaten massiv auftauchen können. Die junge Frau ist übrigens inzwischen glücklich verheiratet.

Bin ich mit dem richtigen Partner zusammen?

Die Partnerschaftssuche mag manchmal etwas anstrengend sein. Daher hoffe ich, dass Sie mit dem richtigen Partner zusammen sind. Intuitiv wählen wir fast immer einen Menschen, der zu uns passt. Trotzdem ist es normal, wenn Sie gelegentlich zweifeln und sich fragen: Ist er wirklich der Richtige? Soll ich bleiben oder gehen – damit beschäftigen sich hin und wieder fast 40 % aller Partner. Aber Sie können diese Frage nicht beantworten, solange Sie nicht aktiv werden. Wenn wir nur passiv im Boot der stürmischen Liebe sitzen, werden wir vom zwangsläufigen Auf und Ab der Partnerschaft regelrecht durchgeschüttelt. Erst wenn wir rudern und steuern und unbeirrt den Kurs halten, fühlen wir uns souveräner. Dann kommt die Gestaltungskraft zur Geltung und wir spüren deutlich, dass sich die Beziehung verbessert.

Das »Große 1 x 1 der Liebe«

Nach meiner Erfahrung sind nur 10 % aller Beziehungen so zerrüttet, dass eine Trennung fast unausweichlich ist. Doch ob Sie vielleicht zu ihnen gehören, wissen Sie erst, wenn Sie wieder mehr in die Partnerschaft investieren. Deshalb wollen wir uns der Frage zuwenden: Was müssen wir in einer Liebesbeziehung beachten? Was machen glückliche Paare richtig? Daher habe ich für Sie das »Große 1 x 1 der Liebe« – in Form von 14 Liebesregeln – entwickelt.

1. Liebesregel: Die Gesprächskultur

Es ist natürlich eine Herausforderung, das Liebesglück in eine Formel zu fassen. Schließlich ist die Liebe zu unberechenbar, zu individuell. Zudem ist die Erforschung der Liebesbeziehung noch recht jung. So fand man in den vergangenen Jahrzehnten jeweils unterschiedliche Antworten. Vor 30 Jahren war man überzeugt, dass die Selbständigkeit beider Partner wichtig ist. Sonst würde man jede Beziehung mit überzogenen Ansprüchen überfordern und sei zu empfindlich bei den unvermeidlichen Konflikten. Vor 20 Jahren betonte man vor allem die Bedeutung emotional geführter Gespräche. Doch sich wirklich mitzuteilen ist kompliziert. Emotionale Gespräche wären vor allem dann wichtig, wenn etwas schiefgeht, wenn wir Angst haben, wenn wir uns für klein und unattraktiv halten. Aber dann weichen wir oft solchen Gesprächen aus. Wir reden in diesen Situationen lieber über Sachthemen oder streiten. Oder wir schweigen. Wir wissen inzwischen, dass langjährige Ehepaare nur noch 8 bis 10 Minuten am Tag miteinander sprechen. Mit der Hauskatze redet der Ehemann länger als mit seiner Frau.

Doch warum unterhalten wir uns in langjährigen Beziehungen so wenig? Genauer gesagt: Warum sprechen wir nur noch über

Sachthemen? Die Gründe sind meist sehr einfach: Wir haben uns zurückgezogen, wir trauen dem anderen nicht mehr. Und diesen Rückzug müssen wir in einer Partnerschaft überwinden. Sprechen Sie also nicht nur über die gemeinsamen Interessen, über Sonderangebote und darüber, wer die Kinder von der Schule abholt. Reden Sie auch darüber, wie Sie die Beziehung gestalten wollen, was Sie verbessern könnten. Reden Sie über sich, damit der Partner wieder spürt, wie es Ihnen geht.

Viele Probleme in der Partnerschaft verkleinern sich, wenn wir mehr über uns mitteilen. Das ist eine gute Basis, um dann auch auf den Partner einzugehen. Ein Beispiel aus meiner Praxis: Eine Patientin ärgerte sich sehr, dass ihr Partner wenig selbstbewusst war, ihr alles recht machen wollte, immer so dienstbeflissen war. Sie hatte sich gewünscht, dass er manchmal ein »Kerl« ist, der nicht so ängstlich mit ihr umgeht. Doch davon war er weit entfernt. Deshalb empfand sie einen großen Abstand zu ihm. Aber dieser Abstand wurde viel geringer, als sie ihm sagte, wie sie sich fühlte und sich mit ihm ausführlicher über seine Kindheit unterhielt. Ihr wurde klar, dass bei ihm zu Hause jede Form von Eigenständigkeit als Eigenwilligkeit angesehen wurde, es wurde immer Anpassung verlangt. Nie wurde er dazu ermutigt, seinen eigenen Willen zu leben. Und ihr wurde deutlich, dass sie ihn in dieser Richtung bestätigen musste. Sie war jetzt von seiner Schüchternheit weniger genervt, bestätigte seine positiven Eigenschaften und er wurde tatsächlich selbstbewusster. Glücklich sagte sie mir: »Wir haben uns erkannt.«

2. Liebesregel: Die gute Stimmung

Allerdings sind Gespräche nicht immer der Königsweg zur Nähe. Vor über zehn Jahren überraschte uns der amerikanische Partnerschaftsforscher John Gottman mit der These, das Gespräch sei keineswegs die Basis einer guten Beziehung. Oft spreche man zu viel, man rede viele Probleme tot. Das Reden führe oft zu einer Eskalation, wenn die Probleme unlösbar seien. Was soll man tun, wenn der eine heiraten will, der andere aber nicht? Wenn sie Kinder haben will, er aber nicht? Wenn sie auf dem Land leben will, er in der Stadt? Dann entstehen endlose Schallplattengespräche, die zu keiner Lösung führen.

Nicht immer sind also Gespräche hilfreich. Entscheidend ist vielmehr die herzliche Stimmung in einer Partnerschaft. Dann sind beide davon überzeugt, dass es der andere gut mit ihm meint. Wir öffnen uns nur gegenüber dem Partner, verraten unsere Geheimnisse, wir lehnen uns nur an, wenn diese positive Stimmung vorhanden ist. Doch diese Stimmung geht durch Respektlosigkeiten leicht verloren. Wenn wir den anderen kränken, wenn wir ihn verletzen, nimmt er einen Sicherheitsabstand ein und schaltet auf Angriff. Es beginnt ein untergründiger Krieg, den wir nicht immer sofort spüren. Aber jeder investiert nun weniger in die Beziehung, wir sind weniger freundlich, sagen nicht mehr alles, der Sex geht zurück, die Beziehung bekommt langsam den Charme einer alten Jugendherberge.

Dann interpretiert man in den »Weichen-Situationen« das Verhalten des Partners nicht mehr großzügig. So nenne ich jene Situationen, die man so oder so interpretieren kann. Der Verlauf eines Abends kann dann ganz unterschiedlich aussehen. Ein Beispiel: Der Ehemann kommt eine Stunde später aus dem Büro nach Hause. Ist die Stimmung gut, wird die Partnerin davon ausgehen, dass er die Bahn verpasst hat. Ist die Stimmung schlecht, wird sie vermuten, dass er es nicht eilig hatte, nach Hause zu kommen. Und nun kippt die gesamte Atmosphäre immer weiter ins Negative, ein Teufelskreis beginnt. Deshalb ist die Stimmung so wichtig, deshalb müssen wir auch bei Meinungsverschiedenheiten darauf achten, den anderen zu respektieren.

Der Gründungsmythos

Auch in guten Partnerschaften gibt es natürlich gelegentlich eine Stimmungsflaute. Aber was man immer bewahrt, ist die Erinnerung an die schönen Zeiten. Man pflegt einen Gründungsmythos und erzählt sich, wie aufregend das Kennenlernen war. »Was hatten wir für ein Glück, dass wir uns gefunden haben« ist die Kernaussage dieses Gründungsmythos. Vor allem wird uns bewusst, wie wichtig einem die Partnerschaft damals war. Um den anderen eine halbe Stunde zu sehen, um ihn zu küssen und im Arm zu halten, war man bereit, zwei Stunden zu laufen. Wenn man sich gelegentlich an diese Begeisterung erinnert, ist dies wie eine Batterie der Liebe und wir wissen, wie intensiv unsere Beziehung wieder werden sollte.

3. Liebesregel: Positive Streitgespräche

Doch selbst wenn wir eine gute Stimmung pflegen, gibt es in jeder Beziehung Meinungsverschiedenheiten und Konflikte, die wir austragen müssen. Deshalb betrachte ich alle Partnerschaftsansätze sehr skeptisch, die lediglich auf die Harmonie achten. Manchmal muss man sich auch aufregen dürfen, manchmal sind Affekte wichtig. Wenn man nur sanfte Worte spricht, gibt es zu viele Affektdämpfer in der Beziehung. Allerdings besteht bei Auseinandersetzungen immer die Gefahr, dass der Partner sehr schnell in eine Verteidigungsposition geht. Wir wissen, dass die meisten Streitigkeiten zu einem massiven Körperstress führen und sollten daher eine Erkenntnis beherzigen: Bei regelmäßigem Ehestress ist das Risiko dreimal so hoch, in den folgenden fünf Jahren einen Herzinfarkt zu bekommen. Wenn uns der andere verbal angreift, schlägt unser Puls schneller und wir verteidigen uns sofort. Insofern ist es kontraproduktiv, wenn wir in der Ehe regelmäßig Dampf ablassen.

Zudem besteht das Problem der meisten Streitgespräche darin, dass nicht über die wirklichen Ursachen des Ärgers gesprochen wird. Denn wir reden kaum darüber, dass wir uns nicht geliebt fühlen, zu wenig Anerkennung bekommen und dass wir den Sex vermissen. Lieber streiten wir sehr leidenschaftlich über die Unpünktlichkeit des Partners, seine Unordnung bzw. die Tatsache, dass sie zu viel Geld für Kleidung ausgibt. Doch die Hauptstreitigkeiten berühren immer die Frage: Wie steht der Partner zu mir? Streitigkeiten werden dann erbittert geführt, wenn der Faden der Nähe gerissen ist. Solange sich beide gewertschätzt fühlen, solange auch die Erotik lebendig ist, gibt es einen Liebespuffer, der die Konflikte abmildert. Ist dieser nicht mehr vorhanden, ärgern wir uns buchstäblich über die Fliege an der Wand. Es geht also untergründig immer auch um die fehlende Wertschätzung. Aber das sagen wir natürlich dem Partner nicht, denn wir wollen nicht als bedürftig erscheinen. Deshalb sind solche Streitgespräche oft so gefährlich, weil sie emotionale Vorwürfe beinhalten, deren Inhalte nicht deutlich werden. Und dann besteht immer die Gefahr, dass durch solche Auseinandersetzungen die Beziehung massiv beschädigt wird.

Meist beginnen diese Gespräche bereits mit einem Paukenschlag: »Du hast, Du bist!« Und sobald solche Gespräche mit einem groben Auftakt starten, enden sie auch so. Es ist wie mit einem Musikstück, bei dem der Kenner nach den ersten Noten das gesamte Stück erahnt. Die Abläufe sind deshalb so häufig destruktiv, weil wir in Streitigkeiten fast immer selbstzentriert sind. Wir denken nur an uns, wollen den anderen überzeugen, legen uns Argumente wie Waffen zurecht, als gelte es, in einen Kampf zu ziehen. Doch bedeutet dies nicht, dass wir grundsätzlich Streitigkeiten ausweichen müssen.

Es gibt in allen Partnerschaften Konflikte. Man muss sich über das Geld, den Haushalt, den Urlaub einigen, auch die Bereiche

Kinder und Sexualität sind streitbeladen. Aber das Geheimnis guter Partnerschaften besteht in der Tatsache, dass man Probleme löst, indem man sich einigt. Dies setzt jedoch voraus, dass ich Konflikte deutlich anspreche und gleichzeitig darauf achte, wie meine Aussagen beim Partner ankommen. Dazu muss ich lernen, die Negativpunkte möglichst positiv einzupacken. Dann sage ich ihm: »Weißt Du Klaus, Du bist ein netter Kerl. Und wenn Du auch noch aufräumen könntest, wärst Du perfekt.«

Damit Sie über diese Geschicklichkeit verfügen, müssen Sie Streitpunkte rechtzeitig ansprechen. Oft ist es zwar sinnvoll, dass man etwas wartet, bis der Affekt abgeklungen ist. Dann allerdings sollte man das Problem klären. Sonst besteht immer die Gefahr, dass das Negativkonto zu weit anwächst. Der Partner wird von uns regelrecht seelisch erschlagen, wenn wir ihn irgendwann mit einem Berg an Vorwürfen konfrontieren.

Wir sehen, dass gerade bei der Gesprächskultur sowohl die Gestaltungskraft als auch die Sozialkompetenz wichtig sind. Wir müssen beide Fähigkeiten erwerben, um zu guten Kompromissen zu gelangen. Verfügen wir über zu wenig Gestaltungskraft, lenken wir zu schnell ein und es kommt lediglich zu einer scheinbaren Übereinstimmung, unter der die Konflikte weiterschwelen. Wenn mir ein Paar sagt, sie hätten in den letzten Jahren nie einen Streit gehabt, rechne ich immer damit, dass sie sich trennen. Lieber einmal Dampf ablassen, lieber gelegentliche Affekte als die ständige Harmoniesoße »Wir alle haben uns lieb«. Deshalb sagte schon Goethe: Ein gelegentlicher Streit sei nützlich, weil man dann mehr über den Partner erfahren würde.

Das individuelle Streitverhalten

Allerdings fällt mir in guten Partnerschaften immer auf, dass Streitigkeiten nur vorübergehend auftreten. Die Erlebnisse der

Übereinstimmung sind wichtiger als die Streitigkeiten. Deshalb ist auch eine ausgeprägte Friedfertigkeit so bedeutend für eine Partnerschaft. Das wurde mir auch bei einem Ehepaar klar, das schon über 15 Jahre zusammen ist. Ich merkte beiden an, dass sie noch immer froh sind, sich getroffen zu haben. Sie waren zärtlich miteinander, flachsten herum, neckten sich – kurzum: Sie liebten sich. Als ich sie nach dem Geheimrezept fragte, sagten sie: »Wir haben Konflikte nie verschleppt. Wir sind nie im Streit miteinander eingeschlafen, sondern haben uns vor dem Einschlafen versöhnt … Klar, wir zoffen uns gelegentlich, aber eigentlich lieben wir uns. Und dann sagt einer im Notfall: Entschuldigung … war nicht so gemeint.«

4. Liebesregel: Das gemeinsame Dritte

Streitigkeiten können eine Beziehung kaum gefährden, wenn es genügend Gemeinsamkeiten gibt. Wir brauchen also das sogenannte Dritte, damit eine Beziehung stabil bleibt. Emotionen allein haben nicht genügend Bindekraft. Das wusste bereits der französische Schriftsteller Honoré de Balzac: »Wenn zwei Menschen ihren Bund fürs Leben nur auf Gefühle gründen, haben sie ihre Quellen bald erschöpft, und Gleichgültigkeit, Sattheit und Widerwillen machen sich breit.«

Tatsächlich passiert es leicht, dass unsere Gefühle vorübergehend erkalten. Zumindest herrscht dann eine trübe Stimmung und wir sind nicht geneigt, auf den anderen zuzugehen. Dann braucht man interessante Ziele, man braucht Themen, über die man sich unterhalten kann, auch wenn es eine emotionale Eintrübung gibt. Wenn ein Paar gern ins Kino geht, sich um einen Kleingarten kümmert, Kinder großzieht oder ein Hobby pflegt, sind das wichtige Stabilisatoren. Keine Beziehung lässt sich auf Dauer nur aufgrund eines Gefühls, einer Sehnsucht aufrechterhalten.

5. Liebesregel: Sich loben

Ebenso wichtig wie die gemeinsamen Interessen ist die Fähigkeit, sich gegenseitig zu loben. Wir alle sehnen uns nach Anerkennung, nach positiven Rückmeldungen. War nicht die Zeit der Verliebtheit schön, als wir jeden Morgen einen kleinen Zettel auf dem Frühstückstisch vorfanden? Unter einem gemalten Herzchen war mit leichter Hand darauf geschrieben: »Das Gespräch mit Dir war toll!« Machen Sie also dem Partner Komplimente. Wenn Sie wirklich eine lebendige Liebesbeziehung haben wollen, sollten Sie verschwenderisch mit dem Lob umgehen. Dem Partner großzügig Anerkennung zu geben ist eines der Geheimnisse einer guten Beziehung. Dazu müssen wir uns allerdings überlegen: Was ist das Besondere am Partner?

Wenn Sie als Ehefrau täglich hören, dass Sie fabelhaft aussehen, nutzt sich dieses Kompliment schnell ab. Sie begreifen also selbst: Es wäre geschickt, wenn Sie die Lebensleistung Ihres Mannes, seine Einzigartigkeit erfassen. Also überlegen Sie: Was unterscheidet Ihren Partner von allen anderen Männern, die Sie kennen? Sein Lachen werden Sie auch bei anderen finden, auch seine Jugendlichkeit. Aber diese Kombination von jugendlicher Leichtigkeit, seiner Neugierde, seiner Hilfsbereitschaft und andererseits seiner Ernsthaftigkeit – das zeichnet nur ihn aus. Vielleicht versuchen Sie auch herauszufinden: Worauf ist er selbst stolz, wo braucht er Ihre Unterstützung?

Denken Sie daran: Er ist auf Ihre Anteilnahme angewiesen. Zwar erahnt fast jeder von uns die eigenen positiven Eigenschaften und kann sie dennoch nicht genügend spüren. Deshalb sind wir anderen so dankbar, wenn sie uns deutlich bestätigen. Dann leben wir auf, fühlen uns stark und haben die Kraft, unsere Lebensziele energisch zu verwirklichen.

6. Liebesregel: Die gegenseitige Unterstützung

Es ist einer der stärksten Stabilisatoren, wenn Paare sich gegenseitig in der Verwirklichung ihrer Lebenspläne unterstützen. Verena Kast hat einmal gemeint, Liebe würde nur dann entstehen, wenn man in einen Menschen die besten Eigenschaften hineinsehen und diese aus ihm herauslieben kann. Dann hilft jeder von uns dem Partner, ein anderer, auch ein besserer Mensch zu werden. Das klingt abstrakt, ist aber in Wirklichkeit sehr einfach. Ich spreche immer alle Thesen für meine Bücher mit meiner Frau durch, sie liest bei allen Manuskripten Korrektur und ist oft bei meinen Vorträgen dabei. Sie ist meine wichtigste Beraterin und auch dies stabilisiert meine Liebesbeziehung. Ich lese natürlich auch alle Texte meiner Frau und begleite sie bei ihren Ausstellungen.

7. Liebesregel: Der Faktor Zeit

Ich habe versucht, Ihnen die Grundlagen für eine gute Partnerschaft zu vermitteln. Aber diese können Sie natürlich nur anwenden, wenn Sie sich Zeit für die Liebesbeziehung nehmen. Oft besteht das Problem, dass der Alltag raumgreifend ist. Kinder, Haushalt, der Beruf, die Pflege der Eltern erfordern viel Zeit. Es ist wichtig, dass wir dann möglichst gemeinsam diese Pflichten bewältigen. Doch wir dürfen nicht vergessen, dass wir uns auch als Paar begegnen müssen. Mindestens vier Stunden in der Woche sollten wir füreinander reservieren. Sie müssen sich diese Zeit für die Liebe freihalten. Damit Ihre Beziehung nicht wie bei einem Garten mit Unkraut zuwuchert, sollten Sie ihr daher eine große Bedeutung verleihen. Sie gewinnen viel dabei: Wer regelmäßig auf Zeitinseln der Liebe achtet, hat nicht nur eine erheblich bessere Partnerschaft, sondern tut auch einiges für sein Immunsystem. Das Risiko zu erkranken ist dann um 35 % geringer und das Leben verlängert sich um mehrere Jahre.

8. Liebesregel: Alltagsrituale

Es ist allerdings nicht leicht, der Liebe immer wieder einen ausreichenden Platz in unserem Leben einzuräumen. Denn häufig fühlen wir uns gekränkt und sind enttäuscht. Dann ziehen wir uns zurück und dünnen die Beziehung aus. Woher sollen wir in dieser Situation die Lust nehmen, auf den anderen zuzugehen? Deshalb ist es so wichtig, dass es gute Alltagsrituale gibt. Solche wiederkehrenden Aktivitäten bieten ein Schutzschild gegen andauernde Phasen der Distanz. Pflegen Sie daher Alltagsrituale, z.B. den regelmäßigen Spaziergang, das gemeinsame Mittagsschläfchen oder das Kochen. Feiern Sie nicht nur den Hochzeitstag, sondern einigen Sie sich darauf, dass jeder erste Mittwoch im Monat (an diesem Wochentag lernten Sie sich kennen) für Ihre Partnerschaft ein besonderer Tag ist. Er kommt dann früher aus dem Büro, ist besonders aufmerksam, man geht nach der Tagesschau ins Bett. Und einmal in der Woche schaut man zusammen Tatort und dabei gibt es Käsehäppchen und beide kuscheln sich vor dem Fernseher aneinander. Solche Rituale sind kleine Inszenierungen, man entflieht damit dem grauen Alltag der Liebe. Es sind Regeln, die ein Gefühl vertrauter Nähe herstellen, auch wenn wir völlig im Stress sind und uns vom Partner genervt fühlen.

9. Liebesregel: Vertrauen

Durch die acht beschriebenen Regeln bildet sich in der Partnerschaft ein Fundament der Liebe, dessen wichtigster Baustein das Vertrauen ist. Das war auch die Meinung von Loki Schmidt, die fast 70 Jahre an der Seite von Helmut Schmidt lebte. Sie war überzeugt, dass das »bedingungslose Vertrauen« die Basis ihrer Ehe sei. Deshalb ist nach meiner Erfahrung auch die Treue so wichtig. Wenn wir den anderen betrügen, setzen wir das Vertrauen aufs Spiel und gefährden damit die Partnerschaft.

10. Liebesregel: Das Verzeihen und Versöhnen

In jeder Beziehung kann es passieren, dass man – vor allem bei Streitigkeiten – den anderen verletzt. Dann ist es entscheidend, dass man ihn um Verzeihung bitten kann. Sonst entstehen aufgrund von Enttäuschungen und Kränkungen seelische Narben und emotionale Gräben, die auf Dauer zu einer unüberbrückbaren Distanz führen. Dabei gibt es üblicherweise drei klassische Situationen, in denen eine Versöhnung notwendig ist:

- Am schwierigsten ist oft die Versöhnung nach einem Seitensprung.
- Schwierig ist sie auch nach schweren Beleidigungen (»Du bist ein Versager ...« oder: »Du bist wie Deine Mutter« – sie war Alkoholikerin).
- Wichtig ist sie aber auch in alltäglichen Situationen, in denen es zu Missachtungen kam. Man erschien zu einer bedeutenden Verabredung eine Stunde zu spät. Man hat den Partner in einer langwierigen Erkrankung im Stich gelassen. Man war distanziert, hat den anderen nicht genügend gefördert, war nicht wirklich für ihn da. Das ist die alltägliche Vernachlässigung des Partners.

Natürlich gibt es Verletzungen, die man nicht so leicht verzeiht: Dazu gehört Gewalt in der Partnerschaft, aber auch massive seelische Kränkungen. Der Ehemann von Frida Kahlo schlief mit ihrer jüngeren Schwester, das würden wahrscheinlich die meisten Frauen nicht verzeihen. Durch solche Ereignisse bricht die Nähe in der Beziehung ab und es entstehen Gräben der Distanz. Aber dieses »Nicht-verzeihen-Können« schwächt häufig nicht nur die Beziehung, sondern auch uns selbst. Kränkungen bleiben dadurch lebendig und vermitteln uns ein Gefühl einer ständigen Bedrohung. Wenn ich mit dem Partner einen tieferen Prozess des Aufarbeitens der Kränkung durchlaufe und verzeihe, bin ich der

Aktive und befreie mich aus der Opferrolle. Dazu muss ich aber vorher die Gelegenheit haben zu sagen, wie ich mich damals fühlte. Und manchmal muss man dann sehr ausführlich darüber sprechen, warum diese Situation so kränkend war. Im Allgemeinen ist ein Vorfall verletzend, weil sich Kindheitssituationen wiederholen – es handelt sich also um eine Retraumatisierung.

Aber auch der Kränkende muss sagen dürfen, wie es ihm ging, wie es zu der Situation kam. Der Kränkende war ja nicht nur der Verletzende, er war meist auch in einer Ausnahmesituation. Deshalb ist es so wichtig, dass auch er über seine Gefühle spricht. Sonst argumentieren beide in der Partnerschaft und dies endet dann in einem Machtkampf. Ich will dies an einem Beispiel erläutern. Eine Frau sagt ihrem Partner, mit dem es im Bett nicht mehr klappt: »Du bist ja kein richtiger Mann.« Sie hatte eine jüngere Schwester, die schöner war. Und so ist sie heutzutage immer verunsichert, wenn sie als Frau nicht genügend Anerkennung bekommt. Das »Versagen« des Partners hatte sie daher sehr gekränkt. Sie handelte als Täterin und verletzte den Ehemann, fühlte sich aber als Opfer. Doch zu solchen tiefgründigen Erkenntnissen sind wir leider oft nicht in der Lage und dann ist die Unterstützung eines Paartherapeuten sinnvoll.

11. Liebesregel: Das Prinzip der Gegenseitigkeit

Wenn Sie alle zehn Regeln beherzigt haben, ist in Ihrer Liebesbeziehung eine innige Bindung entstanden. Sie spüren eine tiefe verlässliche Nähe, die nicht durch massive Kränkungen und Streitgespräche gestört wird. Dann kommt das Prinzip guter emotionaler Bindungen zum Tragen: Jede seelische »Investition« führt zu einer verlässlichen Reaktion. Wenn Sie herzlich auf den anderen zugehen und ihn anlächeln, wird er zurücklächeln. Wenn Sie ihn streicheln, wird er sich entspannen und Sie seinerseits streicheln. Wissenschaftlich ausgedrückt: Eine gute Beziehung ist immer reziprok. Es gibt einen ungeschriebenen Vertrag, dass jede Freundlichkeit, jeder Kuss, jede Hilfeleistung gewürdigt und auf der gleichen Ebene beantwortet wird. Wenn die Beziehung jedoch sehr gestört ist, wird das Prinzip der Gegenseitigkeit nicht mehr eingehalten. Man kann dann den Partner tagelang mit Komplimenten erfreuen und ihn anlächeln und erntet doch nur grimmige Antworten. Das kann die Folge einer sehr schwierigen Kindheit des Partners sein. Dann handelt er nach emotionalen Gesetzen, die wir nicht beeinflussen können. Oder der Partner ist im Leben sehr enttäuscht worden. Vor einiger Zeit warnte eine Freundin ihren Mann: »Ich bin so oft von Männern reingelegt worden, bei mir musst Du Dich warm anziehen.« Sie verhielt sich kampfbereit, auch wenn er freundlich war. Ich hatte den Eindruck, dass er keine Chance mehr hatte, mit seiner kooperativen und verlässlichen Art zu ihr durchzudringen.

Die Bindungsstärke

Sie werden sich beim Lesen immer wieder gefragt haben: Entspricht meine Partnerschaft diesen Regeln der Liebe? Und Sie werden sicher realisiert haben, dass Sie zur Verwirklichung dieser Liebesregeln sowohl Sozialkompetenz als auch Gestaltungskraft haben sollten. Wer über Sozialkompetenz verfügt, kann das Auto der Liebe steuern, wer die Gestaltungskraft ausbilden konnte, hat die nötige Energie. Zusätzlich sorgt die Bindungsstärke dafür, dass das Auto der Liebe selbst dann auf der Straße bleibt, wenn es einmal massive Konflikte gibt. Sie entspricht quasi den Leitplanken, die die Aufgabe übernehmen, dass unsere Partnerschaft nicht von der Straße der Liebe abkommt. Diese Bindungsstärke ist so wichtig, dass ich Ihnen jetzt noch drei wichtige Faktoren für eine starke Bindung vermitteln möchte.

12. Liebesregel: Zusammenziehen

Wenn Sie dauerhaft zusammenbleiben wollen, sollten Sie irgendwann zusammenziehen. Natürlich sind die Bedürfnisse nach Nähe und Distanz sehr unterschiedlich. Und es gibt Menschen, die davon überzeugt sind, dass gerade das getrennte Wohnen die Beziehung lebendig hält. Doch wer an einer stabilen Beziehung interessiert ist, sollte zumindest nach einigen Jahren zusammenziehen und die Partnerschaft als gemeinsames Projekt betrachten. Zahlreiche Studien zeigen, dass man eher zusammenbleibt, wenn man zusammenwohnt. Allerdings gibt es vor allem in den Großstädten zunehmend sogenannte LAT-Beziehungen (Living Apart Together). Man hat eine Partnerschaft, aber zieht zunächst nicht zusammen. Dennoch leben die meisten Paare nach einigen Jahren in einer gemeinsamen Wohnung. Das führt allerdings immer zu neuen Schwierigkeiten. Aber das Erstaunliche ist: Wenn man zusammenwohnt, trennt man sich nicht so schnell. Es entsteht dadurch häufig eine entspannte Nähe, die offenbar die Beziehung stabilisiert. Man hört den anderen, man spürt seine Anwesenheit, auch wenn jeder seinen Interessen nachgeht.

Demgegenüber sind die Besuchs-Beziehungen immer inszeniert, man nimmt sich gemeinsam etwas vor, einer ist der Gast in der Wohnung des anderen. Insofern ist das Band der Nähe geringer, wenn man nicht zusammenlebt und man kann sich leichter trennen. Trotz aller Reibungsflächen (Probleme im Haushalt, unterschiedliche Ordnungsvorstellungen, unterschiedlicher Geschmack bei der Einrichtung) stabilisiert das Zusammenwohnen eine Beziehung. Bei den LAT-Beziehungen schafft es nur jede zweite, die 10-Jahres-Hürde zu überspringen. Wenn man zusammenwohnt, erreichen dies immerhin 80 %. Je mehr Abstand wir also aufrechterhalten, desto schneller trennen wir uns.

Dennoch müssen wir eines wissen: Nähe gibt es nur dort, wo ein genügender Abstand möglich ist. So paradox es klingt: Ich muss immer die Autonomiewünsche des Partners tolerieren, wenn ich auf seine Nähe hoffe. Abstand zu respektieren ist die beste Möglichkeit, die Sehnsucht des Partners zu aktivieren. Dies müssen wir auch beim Zusammenziehen beachten. Denn 50 % aller Frauen wünschen sich ein eigenes Zimmer, viele wollen auch getrennt schlafen. Das ist keine Entscheidung gegen den Partner, sondern für das eigene Leben. Das stärkt die Gestaltungsmacht und nützt letztlich auch dem Partner.

13. Liebesregel: Freunde und Verwandte mögen

Die Beziehung wird wesentlich stabiler, wenn Sie die Freunde des anderen mögen. Es wäre doch sehr irritierend, wenn Sie seine bzw. ihre Freunde nicht ausstehen könnten. Denn die Freundschaften sagen viel über den Partner aus. Deshalb sollte man bei den ersten Treffen immer auch darauf achten, ob einem dessen Freunde gefallen. Dann kommt es im Laufe der Beziehung allmählich zu einer Durchmischung der Freundeskreise. Allerdings hat man meist noch eine Zuordnung im Kopf: Das sind meine, das sind Deine Freunde. So spürt man deutlich, dass man viel verliert, wenn man sich trennt. Denn die soziale Welt halbiert sich, wenn eine langjährige Partnerschaft scheitert. Deshalb halbiert sich das Scheidungsrisiko, wenn wir gemeinsame Freundschaften pflegen.

Ein wichtiger Stabilitätsfaktor ist auch die Verwandtschaft. Sie kann natürlich nerven, wenn sie sich zu sehr in die Partnerschaft einmischt. Aber wenn man die Verwandtschaft des anderen mag, trägt dies zur Dauerhaftigkeit der Beziehung bei. Wer die Beziehung beendet, muss nicht nur auf wichtige Freundschaften, sondern oft auch auf Familienbindungen verzichten. Insofern hatte Oscar Wilde recht, als er meinte: »Zu einer glücklichen Ehe gehören meistens mehr als zwei Personen.«

14. Liebesregel: Das Zukunftsversprechen

Es ist in den letzten Jahrzehnten vor allem in Großstädten üblich geworden, nicht zu heiraten. Viele weisen darauf hin, dass sich nach einer Hochzeit eine Beziehung langfristig verschlechtern kann. Tatsächlich bemüht sich mancher nicht mehr genug, weil er den Eindruck hat: Nun habe ich sie/ihn sicher. Und die Sexualitätsrate geht zurück. Doch es ist auch ein Risiko, nicht zu heiraten. Dann kann man sich – vor allem wenn man nicht zusammenwohnt und keine Kinder hat – relativ leicht trennen. Die Partner fühlen sich eigenständiger, die Bindung aneinander ist eher gering. Doch was passiert, wenn einer für längere Zeit krank ist, in eine Krise gerät oder arbeitslos wird? Ist dies im Programm einer solchen Partnerschaft vorgesehen? Insofern ist es natürlich beruhigend, sich durch eine Heirat zu versprechen, dass wir selbst in schlechten Zeiten zusammenbleiben. Aber auch Ehen sind nicht vor Krisen geschützt. Immerhin lassen sich in Großstädten 50 % der verheirateten Paare scheiden. Dennoch sollten wir uns in einer Liebesbeziehung immer über mögliche Krisen unterhalten, weil dadurch eine Stabilisierung möglich ist. Wir sollten uns fragen: Wollen wir nur eine Partnerschaft für die guten Tage? Wäre dies nicht eine Spaß-Beziehung?

Gehört nicht zu einer tiefgründigen Partnerschaft, dass man sich aufeinander verlassen kann? Deshalb sollten Sie in Ihrer Beziehung darüber nachdenken, wie Sie gemeinsam eine Krise meistern könnten. Wie gehen Sie damit um, wenn einer von Ihnen schwer erkrankt oder depressiv wird? Dann sollten Sie überlegen, ob Sie eine Patientenverfügung anfertigen und ein Testament schreiben. Auf diese Weise konkretisieren Sie die Krisengespräche. Und wenn Sie sich darüber verständigt haben, sollten

Sie sich in einem feierlichen Akt ein Zukunftsversprechen geben. Falls Sie dies Versprechen auch in einer Hochzeit bekräftigen, sollten Sie prüfen, ob Sie wirklich einen Ehevertrag schließen. Paare mit einem Ehevertrag haben eine erheblich höhere Scheidungsrate.

Der Partnerschaftstest

Ich habe Sie jetzt mit 14 unterschiedlichen Liebesregeln konfrontiert. Und damit Sie die eigene Partnerschaft besser bewerten können, würde ich Sie nun bitten, die folgenden 14 Fragen zu beantworten. Dann können Sie die positiven und negativen Eigenheiten Ihrer Beziehung deutlicher wahrnehmen. Anschließend können Sie Bilanz ziehen und gewinnen eine grundsätzliche Einschätzung, wie gut Ihre Partnerschaft ist.

1. Die Gesprächskultur: Reden Sie mehr als 10 Minuten am Tag emotional miteinander, z. B. »Der Tag war schön«, »Ich fühle mich krank«, »Wie geht es Dir«?
2. Die gute Stimmung: Haben Sie in den letzten Tagen zusammen gelacht?
3. Positive Streitgespräche: Können Sie Ihrem Partner sagen, was Sie stört – ohne dass dies in einem handfesten Krach endet?
4. Das gemeinsame Dritte: Gibt es sachliche Interessen, über die Sie reden können – auch wenn die Stimmung zwischen Ihnen angespannt ist?
5. Sich loben: Wann haben Sie Ihrem Partner zum letzten Mal Anerkennung gegeben und wie oft wurden Sie in der letzten Woche gelobt?
6. Die gegenseitige Unterstützung: Können Sie Ihren Partner in seinen Lebenszielen unterstützen? Fühlen Sie sich ebenfalls unterstützt?

7. Der Faktor Zeit: Haben Sie mindestens einen Abend in der Woche Zeit für die Partnerschaft?
8. Alltagsrituale: Gibt es Partnerschafts-Rituale, die sich jede Woche wiederholen?
9. Vertrauen: Würden Sie Ihrem Partner die Geheimzahl Ihrer Bankkarte anvertrauen?
10. Verzeihen und Versöhnen: Kann sich Ihr Partner bei Ihnen für Kränkungen und seelische Verletzungen entschuldigen? Tun Sie es ebenfalls? Werden Entschuldigungen angenommen?
11. Das Prinzip der Gegenseitigkeit: Wenn Sie zärtlich sind, bekommen Sie dann auch Zärtlichkeiten zurück?
12. Zusammenziehen: Wollen Sie zusammenziehen oder wohnen Sie zusammen?
13. Freunde und Verwandte mögen: Haben Sie einen gemeinsamen Freundeskreis? Kommen Sie gut mit der Verwandtschaft aus?
14. Das Zukunftsversprechen: Würden Sie zusammenbleiben, auch wenn der Partner nach einem schweren Unfall im Rollstuhl sitzt?

Die klassischen Bewährungsproben

Allerdings darf man die Messlatte bei solchen Bewertungen nicht zu hochlegen. Es gibt keine unkomplizierten Partnerschaften. Wenn Sie mehr als zehn positive Antworten geben können, schätze ich Ihre Beziehung als gut ein. Ansonsten würde ich empfehlen, sich mit jenen Punkten genauer zu befassen, die in Ihrer Partnerschaft verbesserungswürdig sind. Erfahrungsgemäß werden Sie dann bald merken, dass dies schwierig ist. Denn die Realisierung dieser 14 Empfehlungen stellt an uns einige Anforderungen:

- Wir sollten sowohl an uns selbst denken, als auch ein Gefühl für die Partnerschaft entwickeln.
- Wir müssen uns in unserer Beziehung durchsetzen können, aber wir sollten auch viel tolerieren, gelegentlich auch abwarten und schweigen.
- Wir sollten in unserer Beziehung Nähe herstellen und zugleich die Autonomiewünsche des Partners respektieren.

Nun werden Sie – selbst wenn Sie sich intensiv bemühen – solche Ziele kaum in wenigen Monaten realisieren. Das »Große 1 x 1 der Liebe« soll daher eine langfristige Orientierung für Sie sein, damit Sie wissen, worauf Sie in der Partnerschaft achten sollten. Denn eine gute Beziehung gelingt meist erst nach Jahren. Erst dann kennt man sich besser, kann geschickter aufeinander eingehen.

Doch auch wenn Sie sehr achtsam handeln, kann Ihre Partnerschaft – wie ein Schiff im schweren Sturm – in Turbulenzen geraten. Ob eine Beziehung wirklich belastungsfähig ist, sehen wir im Übrigen frühestens nach zwölf Monaten. Dann ist die Verliebtheitsphase zu Ende, man hat alle Illusionen abgelegt und ist im Alltag angekommen. Bald ergeben sich im Allgemeinen die ersten großen Bewährungsproben. In jeder Partnerschaft gibt es – neben Krankheiten, Arbeitslosigkeit und dem Alltagsstress – zwei klassische Belastungssituationen.

1. Belastungssituation: Kinder

Die erste Belastungsprobe sind Kinder. Sie sind langfristig ein Glücksfall für jede Beziehung und ein Stabilisator. Und es ist eine der größten Belastungen für eine Partnerschaft, wenn ein Partner Kinder haben will und der andere immer wieder zögert. Die Trennungsquote ist dann doppelt so hoch wie bei anderen

Paaren. Doch auch wenn sich beide für Kinder entscheiden, müssen sie schwerwiegende Konflikte aushalten. Denn die Geburt eines Kindes ist die häufigste Trennungsursache. Der Elternstress führt viele Ehepaare an den Rand der Verzweiflung. Während man früher in Ruhe miteinander reden und kuscheln konnte, wird nun das Zusammenleben vom Geschrei des Babys, durchwachten Nächten und Kinderkrankheiten bestimmt. In den ersten Jahren sind Kinder deshalb immer eine Belastung. Dann sind Liebesbeziehungen nur dann gut, wenn die Männer genügend bei der Betreuung der Kinder mithelfen und keiner der Partner selbst zu bedürftig ist.

Wichtig ist es aber auch, dass die Paare lernen, sich die Zeitinseln der Liebe zu reservieren. Wenn Kinder auf die Welt kommen, wird aus der Partnerschaft eine Elternschaft. Die Liebe, auch die Sexualität bleibt dabei leicht auf der Strecke. Denn die gesamte Aufmerksamkeit richtet sich auf die kleinen Kinder. Also ist es entscheidend, dass sich die Partner mindestens einmal in der Woche einige Stunden Zeit füreinander nehmen, wo sie ungestört sind. Die Großeltern sind hierbei hilfreich, ein Babysitter, manchmal auch Freunde und andere Eltern. Auf jeden Fall sollte das Paar immer wieder Stunden miteinander genießen, in denen sie sich als Liebende begegnen.

2. Belastungssituation: Der ungeliebte Haushalt

Die zweite Belastungsprobe ergibt sich aus der Verteilung der Alltagsaufgaben. Und am schwierigsten ist hier der Bereich Haushalt. 85 % aller Hausarbeiten lasten noch immer auf den Frauen. Sie leisten auch zu 90 % die Pflege der Angehörigen. Und Frauen investieren doppelt bis dreimal so viel Zeit in die Familienarbeit wie Männer. Dazu gehört, dass man mit den Kindern zum Arzt geht, die Kindergeburtstage organisiert, die Kleinen ins Bett bringt und mit ihnen Hausaufgaben macht. Diese

Aufgaben sind so umfangreich, dass Frauen oft vor allem zwei Wünsche haben: Männer sollen sich mehr in der Kindererziehung engagieren und im Haushalt helfen. Wir wissen, dass in den nordeuropäischen Ländern, in denen die Männer erheblich aktiver im Haushalt und bei der Kindererziehung mitwirken, Frauen nicht nur entspannter sind. Sie haben auch mehr Lust im Bett, weil sie die Partner als attraktiver empfinden. Dies gilt allerdings nur dann, wenn die Männer neben ihren Fähigkeiten in der Küche und als Väter gelegentlich auch Kerle sind. Typische Hausmänner kommen bei Frauen ebenso wenig an, wie typische Hausfrauen und Mütter bei Männern.

Letztlich geht es bei der Frage des Haushalts auch um die Frage einer Gerechtigkeit in der Partnerschaft. Wenn sie gut ist, rechnen wir nicht auf, was jeder getan hat. Großzügigkeit ist ein Merkmal einer lebendigen Beziehung. Und doch haben wir auch in einer konstruktiven Bindung immer eine Buchhaltung im Kopf. Wir wissen, wann wir in der Schuld des anderen stehen, wann wir uns stärker um ihn bemühen müssen. Zwar gibt es in Partnerschaften keine Konten im Sinne einer messbaren Gerechtigkeit. Wie sollte man sonst einen Seitensprung bewerten? Wie viele Minuspunkte bekommt ein Partner, der seine Socken rumliegen lässt? Wenn wir hier zu sehr rechnen, gibt es immer einen Kleinkrieg. Trotzdem spürt jeder, wenn zu große Ungleichgewichte und offene Forderungen bestehen. Dann bleibt vor allem die Wertschätzung auf der Strecke. Sehr deutlich wurde dies in der Ehe der Eltern von Theodor Fontane. Sein Vater war ein lebenslustiger Mann, der in der Öffentlichkeit sehr charmant sein konnte und ein wunderbarer Erzähler war. Seine Frau war zurückhaltender, sie konnte gut mit Geld umgehen und kritisierte oft die Verschwendungssucht ihres Mannes. Jeder war daher unzufrieden. Die Ehefrau konnte die herausragenden Fähigkeiten ihres Mannes nicht mehr würdigen. Er fühlte sich ständig abgewertet. Aber er war auch nicht in der Lage, auf die berechtigten Vorhaltungen seiner Frau einzugehen. Deshalb war es richtig, dass sie sich trennten.

Störfaktor Partner – Theorie und Praxis

Die Belastungsproben Kinder und Haushalt sind immer ein Testfall für die Partnerschaft. Wir sehen dann, ob ein Paar das »Große 1 x 1 der Liebe« beherzigt. Und die wichtigste Grundregel dabei heißt: Liebe ist eine Teamaufgabe. Der größte Störfaktor der Liebe ist daher der Partner – oder sind wir es selbst? Denn es kommt stets auf die Verständigung, auf die Zusammenarbeit zwischen zwei Menschen an. Diese Teamfähigkeit spüren wir fast intuitiv, wenn wir ein Paar kennenlernen. Wir spüren, ob das Paar harmoniert und können sogar einschätzen, ob es noch in einem Jahr zusammen ist. Wir registrieren beispielsweise, ob es miteinander lacht, ob es Konflikte klären kann. Und vor allem merken wir, ob ein Paar respektvoll miteinander umgeht. Meine Praxis liegt im Erdgeschoss eines alten Mietshauses. Wenn ein Paar zu mir kommt, sehe ich sie bereits auf dem Bürgersteig stehen und ahne, ob die Behandlung leicht oder schwierig sein würde. Dann stelle ich in der Sitzung fest, ob beide noch miteinander sprechen. Ich achte also auf Kleinigkeiten: Lässt er sie ausreden? Reicht er ihr ein Taschentuch, wenn sie anfängt zu weinen? Nimmt sie wahr, dass er allmählich verstummt und einen roten Kopf bekommt? Das ist die stille Kommunikation eines Paares. Von ihr hängt das Gelingen einer Liebesbeziehung ab.

Wir wissen also recht gut, wie eine Partnerschaft funktionieren kann. Aber das ist wie mit der Gesundheit: Wir wissen alle, wie wir leben müssten. Dass wir viel Gemüse essen, dass wir nicht rauchen, genügend Pausen machen, dass wir nicht zu viel Alkohol trinken und regelmäßig Sport treiben sollen. Doch eine Umfrage des Marktforschungsinstituts GfK Nürnberg zeigt, dass nur jeder Siebte wirklich gesund lebt. Und so ist das auch mit

Liebesbeziehungen. Meist sind sie ziemlich durchschnittlich. Das liegt daran, dass der Teamgeist in fast allen Partnerschaften nach einigen Jahren grundlegend beschädigt ist. Und hier gibt es zwei Beziehungsmuster:

- Rückzug aus dem Team: Wer zu anpassungsbereit ist, muss sich gelegentlich zurückziehen, weil seine Bedürfnisse nicht in Erfüllung gehen. Dieser Partner fühlt sich eher als ein Opfer, das reagiert.
- Das Streben nach Stärke: Wer im Wesentlichen über Gestaltungskraft verfügt – und zu wenig Sozialkompetenz hat – strebt eher nach Macht und Überlegenheit. Dieser Partner handelt in seinem Streben nach Stärke mehr wie ein Täter. Aber auch er fühlt sich als Opfer, weil er zu wenig Anerkennung bekommt und Nähe spürt.

So gut wie immer stecken wir dann in einer Opferfalle. Sie besteht aus einer emotionalen Sackgasse, weil jeder dem Partner die Schuld an der Krise gibt. Jeder erklärt sein eigenes Verhalten mit den Handlungen des anderen. Der Anpassungsbereite fühlt sich schlecht behandelt, der eher dominante Partner beklagt die Distanz. Und so wächst zunehmend bei beiden eine Unzufriedenheit, weil keiner die Entfremdung in der Partnerschaft auflösen kann. Sie investieren nicht mehr so viel in die Beziehung und erwarten immer weniger von der Liebe. Schließlich werden sie gleichgültig. Auf diese Weise kommen sie halbwegs miteinander klar. Ich nenne dies das resignative Gleichgewicht. Es kann ziemlich stabil sein, oft bleiben Paare über Jahrzehnte zusammen, obgleich die Beziehung von diesem Prozess der Resignation geprägt ist. Häufig geht allerdings ein Partner in dieser Phase fremd. Der aktive Teil kann sich mit der Resignation der Liebe nicht abfinden und bricht aus der Beziehung aus. Insofern ist das resignative Gleichgewicht immer gefährdet. Auf Dauer ist mit diesem Zustand keiner in der Partnerschaft wirklich zufrieden.

Letztlich wissen wir, dass wir unsere Beziehung verbessern sollten und die Liebe genauso pflegen müssen wie unseren Körper. Aber wir können unsere Resignation oft nicht überwinden.

Die halbe Beziehung

Vor allem Frauen sind häufig mit ihrer Partnerschaft unzufrieden. Männer sind manchmal bereits zufrieden, wenn sie nicht ständig kritisiert werden, wenn Frauen halbwegs freundlich sind, wenn es Sex gibt und das Essen auf dem Tisch steht. Kurz gesagt: Männer haben tendenziell eine Minimalorientierung mit einer defensiven Haltung. Aber Frauen wollen oft viel mehr. Sie wollen verstanden werden. Sie erwarten, dass sich ihr Partner um sie bemüht. Sie wollen eine Beziehung, in der das »Große 1x1 der Liebe« wirklich gelebt wird. Sie wollen Nähe und sehnen sich nach Zärtlichkeit. Sie sind überzeugt: Der größte Belastungsfaktor für eine gute Liebesbeziehung ist der Partner. Denn was Männer anbieten, ist meist eine halbe Beziehung.

Typisch ist die Aussage einer Patientin, die mir einmal sagte: »Ich bin seit 20 Jahren verheiratet. Mein Mann bringt mir immer am Valentinstag Blumen mit und wundert sich, dass ich mich darüber nicht freue. Anerkennung bekomme ich kaum. Früher hat er mir kleine Zettel geschrieben, aber solche Aufmerksamkeiten gibt es schon lange nicht mehr. Er nimmt zu, regt sich sehr oft auf, sitzt vor dem Fernseher und spricht kaum noch mit mir. Die Sexualität wird immer langweiliger. Früher haben wir gelegentlich im Wald miteinander geschlafen, haben vieles ausprobiert. Jetzt spielt sich die Erotik nur noch im Doppelbett ab, fast immer am Samstagabend. Er gibt sich keine Mühe mehr. Zwar habe ich ihm deutlich zu verstehen gegeben, dass ich unzufrieden bin, aber geholfen hat dies nicht.«

Wenn der Partner nicht so schwierig wäre

Sicher sind auch Sie manchmal massiv unzufrieden mit Ihrem Partner und wollen sich nicht damit abfinden. Und wahrscheinlich haben Sie den Eindruck: »Ich bin ganz in Ordnung, meine Beziehung könnte klappen, wenn mein Partner nicht so schwierig wäre. Doch wenn ich mit ihm rede, macht er die Klappen zu.« Trotzdem bleiben Sie in der Beziehung, obwohl Sie sich in einer scheinbar ausweglosen Situation befinden. Langsam und allmählich hat sich die Partnerschaft verschlechtert. Sie haben manches moniert, vieles ausprobiert, es gab verführerische Situationen, Sie haben wieder kleine Liebeszettel geschrieben und sich ein schönes Kleid gekauft – aber wirklich geholfen hat nichts. Auch das Lesen der vielen Ratgeberbücher hat nicht gefruchtet. Natürlich hat er sie nicht gelesen, wenn Sie ihm diese auf den Nachttisch gelegt haben und schließlich haben Sie resigniert.

Diese Resignation ist fast zwangsläufig, da alle Menschen nicht so handeln, wie wir uns das wünschen – meinte sinngemäß der Dalai Lama. Wir müssen einsehen, dass jeder seine Eigenheiten hat und – mehr oder weniger - vor allem an sich denkt. Erst in zweiter Linie sind daher die meisten Menschen am Gelingen der Liebe interessiert. Das können wir beklagen, aber ist es nicht normal, wenn wir zunächst die eigenen Interessen sehen, wenn wir verunsichert sind? Wenn unsere Liebesbeziehung anstrengend wird, müssen wir zunächst darauf achten, dass wir nicht zu sehr verletzt werden und dürfen keine zu großen Risiken eingehen. Und notfalls müssen wir kämpfen, selbst wenn dadurch unsere Partnerschaft beschädigt wird. Das ist die Realität des Lebens, die wir kennen müssen. Zumindest ahnen wir dies und versuchen deshalb, uns zu arrangieren, sobald die Beziehung kompliziert wird. Das ist ein wichtiges Schutz-Programm. Wir können nicht auf Dauer damit leben, dass wir uns ohnmächtig und unglücklich fühlen. Also sagen wir uns:

- Liebe ist doch nicht so wichtig.
- Andere Paare sind auch nicht glücklich.
- Alle Männer haben ihre Fehler.
- Es liegt an seiner Kindheit.

Vor allem das Kindheitsargument ist verhängnisvoll, weil es immer stimmt. Stets werden Sie irgendetwas finden: Die schwierige Mutterbeziehung, die ihn erdrückt hat, der distanzierte Vater, der ihn nicht genügend wahrnahm. Natürlich sollten wir unseren Partner verstehen. Sonst können wir viele seiner Handlungen nicht begreifen. Und manchmal ist es hilfreich, dass Sie den Partner bitten: »Erkläre mir doch einmal, warum Du so oder so bist ... Warum ziehst Du Dich so oft zurück?« Eine solche Frage kann viel in Bewegung bringen. Sie drückt aus, dass wir mit gewissen Eigenschaften Schwierigkeiten haben und uns eine Veränderung wünschen.

Selbst wenn Sie schon 20 Jahre zusammen sind: Lassen Sie sich vom Partner noch einmal das Fotoalbum seiner Kindheit zeigen. Bitten Sie ihn, dass er Ihnen dazu Geschichten erzählt. Und vielleicht besuchen Sie sogar zusammen die Orte seiner Kindheit. Wenn Sie mit ihm seine Schule kennenlernen, den Geruch von Schweiß und Leder in der Turnhalle einatmen und den Schulweg gehen, wird er Ihnen viele Dinge aus seinem Leben berichten, die Sie noch nicht kannten.

Doch auch wenn Sie vieles verstehen, bedeutet dies nicht, dass Sie alles akzeptieren sollten. Wir wissen zwar alle, dass nicht jeder Wunsch in Erfüllung geht. Wir wissen, dass wir realistisch sein müssen. Selbst Fachleute führt dies gelegentlich zu der Überzeugung, man dürfe nicht romantisch sein und an die Liebe glauben. Und dennoch: Was wäre es für ein Leben, wenn wir unsere Hoffnungen aufgeben, wenn wir aufhören zu träumen? Geben Sie sich also nicht mit der durchschnittlichen Liebe zufrieden. Vielmehr sollten Sie an die Utopie der Liebe glauben. Dazu müssen Sie vor allem eines überwinden: die Opferrolle, in die Sie geraten sind. Statt sich mit den schwierigen Charaktereigenschaften des anderen abzufinden, müssen Sie lernen, mit ihnen geschickt umzugehen. Denn fast immer können Sie eine Beziehung weit stärker verändern, als Sie es für möglich halten. Die Handlungsspielräume anderer Menschen sind viel größer, als wir denken.

Den gordischen Knoten durchtrennen

Verändern Sie Ihre Partnerschaft, durchschlagen Sie den gordischen Knoten. Nach einer griechischen Sage sollte derjenige die Herrschaft über Asien erringen, der den gordischen Knoten lösen konnte. Er war so kunstvoll verschlungen, dass es vielen klugen und starken Männern nicht gelang. Doch Alexander der Große durchschlug diesen Knoten einfach mit dem Schwert und läutete damit seinen Siegeszug durch Asien ein. Wenn Sie das Gefühl haben, dass Ihre Partnerschaftssituation einem unentwirrbaren Knoten gleicht, sollten Sie also zu beherzten Lösungen greifen. Alle Liebesdämpfer und alle Beschwichtigungen, die zur Resignation beitragen, können Sie überwinden. Doch dazu müssen Sie deutlich Ihre Wünsche spüren, die in der Resignation des Alltags nur noch verschwommen erkennbar sind. Damit das »Große 1x1 der Liebe« tatsächlich Realität werden kann, schlage ich daher vor, dass Sie eine Phantasiereise unternehmen.

Die Phantasiereise

Ziehen Sie sich einmal für eine Stunde zurück und überlegen Sie: Wie müsste eigentlich Ihr Partner/Ihre Partnerin beschaffen sein? Stellen Sie sich bitte in einer Phantasiereise sehr ungehemmt vor, wie Sie sich eine Beziehung wünschen. Wie würde der Alltag ablaufen, wie die Erotik? Stellen Sie sich das so bildhaft vor, als würden Sie einen Film drehen. Malen Sie sich in allen Einzelheiten aus, wie Ihr Partner sein sollte. Was wollen Sie von ihm hören? Wie soll er sich verhalten? Wie soll er Sie unterstützen? Wie sollte er im Bett sein? Natürlich wissen wir zu genau, dass wir uns keinen Idealpartner »backen« können. Aber es ist wichtig, dass wir zunächst eine Vorstellung davon entwickeln, was wir wollen. Wenn wir immer schon sofort verzichten, bekommen wir kaum etwas im Leben.

Nun werden Sie nach dieser Phantasiereise sicher merken, dass Ihre Partnerschaft vom Idealbild weit entfernt ist. Einiges gefällt Ihnen am anderen nicht – aber Sie ahnen, dass Sie ihn nicht erziehen können. In dieser Situation gibt es zwei beunruhigende Wahrheiten:

- Ein Partner will sich nie ändern lassen.
- Trotzdem kommen Sie aber an einer Veränderung der Beziehung nicht vorbei.

Dieser Konflikt scheint unlösbar zu sein. Wenn Sie ständig versuchen, den Partner umzumodeln, fühlen Sie sich ohnmächtig und Ihr Gefühl der Gestaltungskraft sinkt. Und Sie werden zunehmend ungeschickter und Ihre Sozialkompetenz sinkt ebenfalls. Sie und Ihr Partner werden immer unzufriedener und so nimmt auch die Bindungsbereitschaft ab. Alle drei Faktoren für eine gute Beziehung verschlechtern sich also. Deshalb sollten Sie aufhören, den anderen verändern zu wollen.

Doch was können Sie nun mit Ihren aufgewühlten Gefühlen anfangen? Sie haben deutlich gespürt, dass Ihre Liebesbeziehung nicht Ihren Ansprüchen entspricht. Sie halten gelegentlich nach anderen Partnern Ausschau und fragen sich hin und wieder, ob Sie die Beziehung beenden sollten. Am liebsten würden Sie jetzt Ihrem Partner sagen, wie Sie sich fühlen. Es ist Ihnen egal, wie es ihm dabei geht: Sie wollen gleichsam eine Generalbeichte ablegen. Das löst natürlich ein Erdbeben aus, aber es mag eine sinnvolle Erschütterung sein, wenn über Jahre hinweg eine Entfremdung eingetreten ist, wenn vieles in der Beziehung nicht mehr stimmt. Dann mag ein Schockerlebnis notwendig sein, damit die verkrusteten Verhältnisse wieder aufbrechen. Wenn der Partner immer wieder laut wird, zu viel Alkohol trinkt, wenn keine Bereitschaft mehr da ist, wirklich aufeinander zu hören, ist eine solche Generalabrechnung fast unausweichlich.

Ansonsten besteht aber immer die Gefahr, dass eine solche Generalabrechnung zu massiv ist und die Beziehung schädigt. Die guten Eigenschaften des Partners und das Positive in der Partnerschaft werden oft nicht erwähnt, man wägt nicht ab, sondern verhält sich wie ein kleiner Panzer, der in eine Schlacht zieht. Doch diesen Kampf werden Sie so nicht gewinnen.

Deshalb gebe ich Ihnen einen dringenden Rat: Warten Sie einfach ab, lassen Sie jene Gefühle in sich wirken, die sich in dieser Phantasiereise entwickelt haben. Gefühle von Hoffnung, von Wut, von Entschlossenheit. Sie haben nun eine Klarheit der Gefühle, sind präsent, sind wacher. Sie sind nicht mehr gleichgültig, plötzlich liegt Spannung in der Luft und der Partner wird merken: Hier tut sich etwas. Aber ganz wichtig in dieser Situation: Reden Sie nicht! Der Partner würde sich sofort rechtfertigen. Er würde Sie damit konfrontieren, dass auch Sie gelegentlich schwierig sind. Und nach spätestens einer halben Stunde würden Sie wieder resignieren und schweigen. Deshalb sollten Sie in dieser Phase der Umgestaltung noch nichts sagen. Dann wird sich Ihr Partner wundern und merken, dass ein geheimnisvoller Prozess beginnt, er wird unruhig werden, so dass die Beziehung wieder an Spannung gewinnt. Diese Spannung ist wichtig, weil in ihr die Kraft der Veränderung liegt.

Anstatt zu reden, ziehen Sie vielmehr Bilanz: Was ist gut, was nicht, was wollen Sie ändern? Auch darüber sollten Sie dem Partner nichts mitteilen. Schweigen Sie und vertrauen Sie der Kraft der Phantasie. Glauben Sie mir, allein die Phantasie wirkt! Jacob Wassermann schreibt in dem »Tagebuch aus dem Winkel«: »Wir können der Wirklichkeit nicht habhaft werden. Sie muss gestutzt, gekürzt, geknetet, ja, sie muss umgeglüht werden, und der Ofen, in dem die Umglühung vorgenommen wird, ist die Phantasie.« Wenn Sie diese Phantasiereise unternommen haben und nichts sagen, werden Sie die Opferrolle durch eine starke emotionale Präsenz offensiv überwinden und dies wird die Partnerschaft verbessern.

Die Kraft der Phantasie

Man hat einmal Basketballspieler in drei Gruppen aufgeteilt. Eine Gruppe übte, eine andere machte nur ein mentales Training und eine dritte machte nichts. Die mentale Gruppe, die sich alles nur vorstellte, war nach einer Woche fast genauso gut wie die übende. Wie erfolgreich die Kraft der Gedanken ist, erlebte ich früher häufiger an der Volkshochschule. Ich war Dozent und ärgerte mich gelegentlich über sehr provozierende Teilnehmer. Nach dem zweiten oder dritten Termin nahm ich mir vor, mich dagegen zur Wehr zu setzen und ging entschlossen in den Veranstaltungsraum. Meist waren dann die streitlustigen Teilnehmer sehr friedlich. Als ob sie meine Entschlossenheit gespürt hätten. Deshalb können auch Sie davon überzeugt sein, dass Ihre Phantasiereise wirkt. Allerdings ist dies nur der Fall, wenn Sie hierbei auch Ihr eigenes Verhalten trainieren und mit Enttäuschungen rechnen. Es geht nicht darum, dass Sie sich in Wunschträume hineinsteigern.

Sie kennen sicher die folgende Situation: Sie haben sich einen wunderbaren Abend vorgestellt, haben sich schön angezogen, die Kerzen brennen, das Essen steht auf dem Tisch. Doch der Ehemann kommt erst einmal eine halbe Stunde später und ist auch noch missgelaunt – weil er Ärger mit dem Chef hatte. Dann sind Sie sauer und werden sich nicht schnell beruhigen. Deshalb ist die Phantasiereise ein Wagnis. Wenn Sie Ihre eigenen Wünsche deutlich spüren, müssen Sie auch lernen, mit Enttäuschungen umzugehen. Sie haben durch die Phantasiereise eine hohe Emotionalisierung erreicht und sind nun leicht kränkbar und könnten vorwurfsvoll reagieren. Stattdessen sollten aber Ihre Emotionen wie bei einer Wassermühle ein Rad antreiben, das die Kraft für die eigene Veränderung liefert. Sie müssen es daher schaffen, dass Sie Ihre Bedürfnisse kraftvoll spüren, aber gleichzeitig brauchen Sie eine Versachlichung, eine Steuerung dieses Prozesses. Bisher haben Sie sich zurückgezogen und waren empfindlich oder Sie verhielten sich im Streit konfrontativ-wütend. Aber beide Verhaltensweisen waren ungeschickt und wenig von Erfolg gekrönt.

Strategien zur Verbesserung Ihrer Partnerschaft

Lernen Sie daher aus der Vergangenheit und verfolgen Sie ein Ziel: Die Verbesserung der Partnerschaft. Damit Sie nicht immer in Ihre alten Verhaltensweisen zurückfallen, brauchen Sie eine Strategie. Verständlicherweise lehnen dies viele ab. Sie sind der Ansicht, dass die Partnerschaft ein emotionaler Prozess sei, den man nicht planen könne. Doch es ist gerade der Schwachpunkt der romantischen Liebe, dass man meint, sie sei eine Schicksalsmacht, die man nicht beeinflussen kann. Aber genau dies ist unser Ziel: Wir wollen die Liebe verstehen und steuern und dazu ist eine Strategie wichtig. Eine Strategie ist ein längerfristig ausgerichtetes Anstreben eines Ziels unter Berücksichtigung der verfügbaren Mittel – so Wikipedia. Das klingt nüchtern, ist aber doch erfolgversprechend.

Allerdings fragen mich immer wieder Frauen: Ist es nicht Manipulation, wenn ich eine solche Strategie anwende, um meinen Mann zu ändern? Was ist daran falsch? – frage ich dann zurück. Manipulation heißt ‚Kunstgriff'. Dabei bin ich weit entfernt von jenen Büchern, die lediglich eine Kunst der Manipulation vermitteln. Der Ehemann wird bzw. wie ein Hund beschrieben, den man mit einem geschickten Training und Leckerli liebesfähig machen müsse. Eine solche Manipulation ist respektlos und funktioniert daher auf Dauer nicht. Dennoch kommt eine Veränderung der Liebesbeziehung ohne eine geschickte Beeinflussung des Partners nicht aus. Und dazu sind wir auf eine gute Strategie angewiesen.

Sie beginnt damit, dass wir über die Ursachen unseres bisherigen Scheiterns nachdenken. Würden wir uns um einen Garten kümmern, sollten wir uns doch auch Gedanken machen, warum das Gemüse nicht wächst. Wir könnten den Boden analysieren, das Saatgut und die Feuchtigkeit prüfen und dann würden wir herausfinden, dass es die Kombination verschiedener Faktoren war, die das ungünstige Ergebnis herbeiführte. Und wir würden überlegen, wie wir die gewünschten Ergebnisse erreichen können. Das ist die Strategie des Gärtners. Auch in der Liebe werden Sie mit einer sinnvollen Strategie fast immer Erfolg haben.

- Liebe Leserinnen: Sie können erreichen, dass Ihre Männer mit Ihnen viel mehr reden, im Bett sehr zärtlich sind und in der Küche mehr mithelfen.
- Liebe Leser: Sie können erreichen, dass es wesentlich mehr aufregenden Sex gibt und dass Sie von den Frauen viel mehr Lob und Anerkennung bekommen, wenn Sie die Regenrinne, die Waschmaschine oder die Wasserleitung reparieren.

Doch dazu müssen Sie sich völlig anders verhalten als Sie es gewohnt sind. Das ist nicht einfach, denn Sie sehen täglich den Partner und wissen, dass er am Anfang Ihren Vorstellungen entsprach. Natürlich fragen Sie sich, warum er jetzt so schwierig ist. Aber alle Beschwerden und Gespräche waren bisher erfolglos. Sie müssen also ein anderes Verhalten erlernen. Sie müssen vom Verhalten des Huhnes zur Intelligenz des Affen wechseln.

Das Huhn und der Affe

Was macht ein Huhn, wenn es – nur durch eine Glasscheibe getrennt – köstliche Körner sieht? Sie vermuten richtig: Das Huhn wird stundenlang gegen die Scheibe picken. Doch ein Affe begreift irgendwann, dass dies vergeblich ist, und wird links und rechts an der Scheibe entlang hüpfen und schließlich die Entdeckung machen, dass man um die Scheibe herumgehen kann. Der Affe probiert neue Wege aus, um zum Futter zu kommen und entfernt sich sogar zunächst vom Objekt der Begierde – und hat Erfolg. Wenn wir also unser hilfloses Huhn-Verhalten überwinden wollen, müssen wir völlig neue Wege gehen. Wir müssen die Affen-Strategie anwenden, indem wir einen inneren Abstand zum Partner einlegen, mit dem wir so unheilvoll verstrickt sind.

Dadurch sind wir auch in der Lage, die automatisierten Handlungen zu ändern, die Sie sicher auch kennen. Sie fordern den Ehemann zum wiederholten Mal auf, er solle mit Ihnen reden. Sie wollen, dass er weniger am Computer sitzt. Sie machen Bemerkungen, Sie drängeln, fordern ihn heraus. Aber all dies ändert so gut wie nichts. In jedem Industrieunternehmen gäbe es nun eine Krisensitzung und man würde sich fragen: Was müssen wir anders machen, damit wir erfolgreich sind? Jeder Betrieb müsste Konkurs anmelden, wenn man so unbewusst handeln würde, wie dies in Partnerschaften der Fall ist. Um diese automatisierten Handlungen zu überwinden, brauchen wir eine große Entschlossenheit und einen Abstand zum Partnerschaftsgeschehen. Dann können wir die Paardynamik begreifen und einen neuen Weg finden, um die Beziehung zu verbessern.

Bei diesem Weg würde ich Sie gern unterstützen und Ihnen einen Plan zur Erneuerung der Partnerschaft vorschlagen. Doch das Gelingen dieses Planes setzt voraus, dass Sie sich zunächst an eine wichtige Regel halten: Gehen Sie in den nächsten Monaten nicht fremd. Manchmal werden Sie an der Beziehung zweifeln, meine Vorschläge werden Sie häufig herausfordern, oft stellt sich nicht sofort der gewünschte Erfolg ein, auf jeden Fall werden Sie emotional sehr durchgerüttelt. Gelegentlich werden Sie sich in der Partnerschaft abgewiesen fühlen und dann liegt es nahe, einen Seitensprung zu begehen. Warum soll man sich nicht woanders holen, was man in der eigenen Beziehung vermisst? Doch wenn Sie noch an Ihrer Partnerschaft interessiert sind, dann gibt es eine Grundregel: Begehen Sie keinen Seitensprung! Nach einem Seitensprung – wie das so sportlich ausgedrückt wird – kündigen Sie innerlich die Beziehung teilweise auf, auch wenn Sie weiterhin den Alltag mit Ihrem Partner verbringen.

Eine Liebesbeziehung besteht aus dem Versprechen: Du bist für mich das Wichtigste im Leben, Du bist etwas Besonderes für mich. Dies wird durch einen Seitensprung aufgekündigt. Zumindest in dem sehr wichtigen Bereich der Sexualität erlebt man austauschbar zu sein. Deshalb sind wir so gekränkt, wenn der Partner fremdgeht. Das hat nicht nur damit zu tun, dass er von anderen berührt wird und hier möglicherweise eine ungeahnte Lust erlebt. Es ist vielmehr ein Vertrauensbruch. Und wenn der Seitensprung auffliegt, sind Sie immer in der Defensive. Sie können nicht mehr in Ruhe erklären, was Sie an dieser Beziehung stört, was Sie gern anders hätten. Vielmehr müssen Sie sich entschuldigen und zunächst einmal dafür sorgen, dass die Partnerschaft weitergeht. Und das ist schwierig genug, denn meine Untersuchungen belegen, dass 2/3 aller Beziehungen nach einem Seitensprung innerhalb eines Jahres scheitern.

Haben Sie also Geduld und Durchhaltevermögen, denn ich will Ihnen einen Plan zur Verbesserung Ihrer Partnerschaft vermitteln, den ich ursprünglich »Hundertundeinen Tag« genannt habe. So lange dauert es mindestens, bis dieser Plan wirkt. Doch leider sind wir alle meist ungeduldig und lieben die einfachen, die eindimensionalen Lösungen, die uns vorgaukeln: »Man muss nur ... !« Aber sie funktionieren nie! Sie sind genauso effektiv wie der Ratschlag an den Autofahrer, er möge ständig mit hohem Tempo fahren und immer rechts abbiegen. Das mag ihn manchmal sogar seinem Ziel nahebringen, aber letztlich wird er sich heillos verirren. So ist es auch in der Liebe. Wir müssen uns selbst und unseren Partner, wir müssen die aufregenden Prozesse der Liebe begreifen und sehr individuell handeln. Und nach dieser Einstimmung will ich Ihnen zeigen, wie Sie das »Große 1x1 der Liebe« umsetzen können, auch wenn der Partner nicht perfekt ist. Mit 16 Strategien will ich Ihnen den Weg zur Verbesserung Ihrer Liebesbeziehung vermitteln.

Strategie 1: Analyse

Wissen Sie wirklich, warum Ihre Partnerschaft so durchschnittlich geworden ist? Die meiste Zeit einer Partnerschaft besteht doch in einer Alltagsroutine, über die wir uns selten Gedanken machen. Natürlich spüren wir, wenn es in einer Liebesbeziehung Krisen und Konflikte gibt. Aber das sind ja nur die Spitzen eines Eisberges. Die vielen kleinen Veränderungen registrieren wir kaum. Sie sind für uns nicht fassbar, meist vergessen wir sie sehr schnell, weil sie insbesondere darauf beruhen, dass etwas nicht passiert. Man redet weniger, ist selten freundlich, berührt sich nur flüchtig. Das ist sehr unspektakulär und dennoch ist die Wirkung verhängnisvoll. Irgendwann gibt es einen Punkt in der Partnerschaft, an dem wir denken: So geht es nicht weiter! Wir liegen im Bett und fragen uns, was eigentlich bisher geschehen ist. Wie im Nebel tauchen immer wieder Fetzen der Erinnerung auf: Kränkungen, einzelne Sätze, Ereignisse. Meist haben wir viel vergessen, viel verdrängt. Es gehört eine langwierige Gedächtnisarbeit dazu, das Puzzle der Erinnerungen zusammenfügen zu können. Erst dadurch wird uns klar, was passiert ist.

Allerdings ist es oft schwer, das Puzzle der Erinnerungen zu erstellen, weil sich ein seelischer Mehltau lähmend über die Beziehung gelegt hat. Dann ist es sinnvoll, ein Tagebuch als Gedächtnis der Liebe zu führen. Doch Sie sollten diesem Tagebuch nicht nur anvertrauen, wenn Sie sich mit dem Partner schlecht fühlen. Wenn Sie das tun, wissen Sie zwar, warum Sie immer gehen wollten. Aber Sie wissen nicht, warum Sie bleiben. Halten Sie also auch die positiven Ereignisse fest, die Momente, in denen Sie vom anderen angerührt waren, in denen Sie sich wohlgefühlt haben. Und zeigen Sie ihm das Tagebuch nicht. Sonst ergeht es Ihnen wie dem Ehepaar Tolstoi. Beide hatten vereinbart, Tagebuch zu schreiben und Sophie Tolstoi notierte vor allem die negativen Ereignisse. Als Leo Tolstoi das Tagebuch las, war er sehr gekränkt. Denn die Aufzeichnungen waren kein gutes Spiegelbild seiner Ehe.

Nun hat nicht jeder Lust, ein Tagebuch zu führen. Viele erzählen lieber einem Freund oder einer Freundin, was sie erleben. Und eine gute Freundin kann uns tatsächlich beim Verstehen dieses Liebes-Dschungels weiterhelfen. Sie kann uns helfen, dass wir wieder eine vernünftige Orientierung finden. Doch brauchen wir keine Freunde, die uns schnelle Ratschläge geben. Wir sind auf jene Freunde angewiesen, die sich im Dickicht des Lebens auskennen, die auf die kleinen Details der Liebe achten und uns darüber aufklären können, was eigentlich los ist. Sie wissen, wo man die hilfesuchende Freundin beruhigen, wo man sie ermutigen muss. Solche Gespräche sind so gut wie immer spannungslösend, da Sie nun verstehen, was sich seit Jahren in der Beziehung eingespielt hat..

Sie wissen jetzt,

- wann immer wieder Konflikte auftauchen,
- wann Sie der Partner abwertet,
- warum es Ihnen immer wieder schlecht geht in der Liebesbeziehung.

Zum ersten Mal in Ihrer Partnerschaft blicken Sie wirklich durch. Sie erwachen aus der Ohnmacht und es wäre verständlich, wenn Sie den Partner für alles verantwortlich machen würden. Das wäre jedoch verhängnisvoll, denn Sie müssen zunächst einmal Ihren eigenen Anteil erkennen.

Strategie 2: Sie müssen wissen, wo die Erblast steckt

Jeder von uns ist überzeugt: Anstrengend ist vor allem der andere. Wenn er sich ändern würde, könnte man wirklich gut zusammenleben. Sie müssen allerdings vor allem wissen, wo Sie selbst schwierig sind, damit Sie den Partner nicht zu stark mit Ängsten, Wutgefühlen und Empfindlichkeiten belasten. Wenn Sie einen cholerischen Vater hatten, eine versagende Mutter, einen Bruder, der Ihnen vorgezogen wurde, beeinflusst dies immer Ihre Liebesbeziehung. Wir waren in der Kindheit nicht in der Lage, umsichtig zu reagieren. Unser Charakter sei immer der Ausweg aus einer Verzweiflung – meinte Nietzsche. Wie wir auf Menschen zugehen, wie wir uns verhalten, entscheidet sich in der Kindheit. Als Kinder kämpfen wir darum, Ängste zu vermeiden und Kleinheitsgefühle zu überwinden. Daraus sind Lebensmuster entstanden, die wir jetzt erkennen müssen, weil sie sonst die

Liebe beschädigen können. Belastend sind natürlich insbesondere unsere Affekte, mit denen wir nach Überlegenheit ringen. Dies bedeutet vor allem, dass wir die Hexe/den Teufel in uns annehmen. Wir müssen einen Zugang zu unseren dunklen Seiten bekommen. Das war auch die Erkenntnis einer Patientin, die nach Konflikten immer von Rachephantasien überfallen wurde. Sie wollte ihren Mann verlassen, beim Finanzamt anzeigen und am liebsten hätte sie seinen Schreibtischstuhl angesägt. Doch sie schämte sich für ihre Phantasien und zog sich oftmals nur sehr empfindlich-vorwurfsvoll zurück. Es ging ihr erst besser, als sie lernte, ihre Affekte ernst zu nehmen. Sie erkannte, dass sie als Kind immer ohnmächtig war und sich anpasste, aber innerlich grollte. Dies wollte sie ändern. Sie konfrontierte ihren Mann mit ihren Kritikpunkten und war sehr erleichtert, als sich daraufhin die Hexen-Phantasien kaum noch meldeten.

Sie können mit Ihren Affekten aber nur konstruktiv umgehen, wenn Sie Ihr eigenes Leben, Ihre eigene Vergangenheit erforschen. Und dann stellen Sie sich bitte eine Frage: Wären Sie gern mit sich selbst verheiratet? Wahrscheinlich zögern Sie mit einer Antwort. Und Sie sollten sich dann drei weitere Fragen stellen:

- Wie steht es um Ihre Teamfähigkeit, Ihre Sozialkompetenz? Sind Sie gelegentlich sehr gereizt, sehr kämpferisch, sehr empfindlich?
- Wie groß ist Ihre Gestaltungskraft, sind Sie selbstbewusst genug, vermitteln Sie offensiv Ihre Wünsche? Oder neigen Sie dazu, Ihrem Partner zu viel Macht zu übertragen?
- Wie schätzen Sie Ihre Bindungsfähigkeit ein?

Wenn Sie auf diese Weise Ihr eigenes Verhalten reflektieren, erreichen Sie eine hohe Gefühlsklugheit. So nannte der Psychologe Daniel Goleman das emotional richtige Verhalten in Beziehungen.

Strategie 3: Lassen Sie es sich gut gehen

Nun kennen Sie die eigene Erblast. Zugleich wissen Sie, wo Ihre Beziehung schwierig ist, und sind entschlossen, sie zu verbessern. Innerlich stehen Sie in den Startlöchern. Doch jetzt sollten Sie zunächst so handeln, als wollten Sie einen hohen Berg besteigen. Sammeln Sie Kräfte, achten Sie darauf, dass es Ihnen gut geht. Sie können die Partnerschaft nur gestalten, wenn der Schwerpunkt des Lebens in Ihnen selbst liegt.

Wenn Sie die Überzeugung haben: Es geht mir nur schlecht, weil er/sie sich nicht ändert, haben Sie bereits verloren. Dann sehen Sie die Entwicklungsspielräume nicht und gehen zu heftig mit Ihrem Partner um. Sie können nur gelassen bleiben, wenn Sie die eigene Lebensfreude, die Lebenserfolge spüren. Nur dann verfügen Sie über jene Geschicklichkeit, die notwendig ist, um die Partnerschaft zu verbessern. Deshalb hat man in den letzten Jahren festgestellt, dass Beziehungen vor allem dann gut sind, wenn kein Sündenbockmechanismus vorhanden ist. Doch dies ist deshalb so schwierig, weil der Partner einen großen Einfluss auf Ihr Leben hat. Und teilweise ist er ja wirklich ein Hindernis für Ihre Entwicklung. Ist er nicht tatsächlich auch daran schuld, dass es in Ihrem Leben nicht weitergeht?

Anders gefragt: Könnten Sie sich besser entwickeln, wenn Ihr Partner kooperativer, freundlicher, ermutigender wäre? Das mag sein! Aber Tatsache ist eben auch, dass Ihr Partner manchmal durchaus freundlich, liebenswürdig und insgesamt eine Bereicherung ist. Jeder Partner ist meist beides, er ist für uns ein Gewinn, teilweise aber auch eine Belastung. Und selbst Sie sind nicht immer unkompliziert. Diesen inneren Spagat müssen Sie zunächst einmal aushalten. Doch dazu müssen Sie den Schwerpunkt in sich selbst finden. Denken Sie immer daran: Die Liebe ist wichtig, aber am wichtigsten sind Sie. Was also können Sie tun, damit es Ihnen gut geht? Wenn Sie zufrieden und ausgeglichen sind, können Sie besser mit Ihrem Partner umgehen. Gehen Sie also eine Partnerschaft mit sich selbst ein: Machen Sie Sport, kümmern Sie sich um Ihre Gesundheit, pflegen Sie Ihre Freundschaften. Werden Sie eine Expertin/ein Experte der Selbstfürsorge. Das führt nicht nur zu einer Entlastung der Partnerschaft. Vielmehr werden Sie dadurch für den Partner attraktiver. Wenn Sie ständig überfordert sind, klagen und schimpfen, wirkt das auf den anderen nicht anziehend.

Natürlich muss man in einer Liebesbeziehung offen sagen, wie es einem geht. Natürlich muss der Partner gelegentlich unsere seelischen Lasten mittragen. Aber das funktioniert nur sehr begrenzt. Wird der andere zu sehr in Stimmungen von Angst, Niedergedrücktheit und Stress hineingezogen, legt er den Rückwärtsgang ein. Und dann fühlt er sich möglicherweise irgendwann von der kleinen, frechen Assistentin angezogen, die wie ein Wirbelwind durchs Leben fegt, während Ihnen nur noch selten zum Lachen zumute ist. Ihr Mann muss diese Frau nicht lieben, aber er wird sich bei ihr wohlfühlen, wird instinktiv ihre Nähe suchen.

Strategie 4: Investieren Sie wieder in die Partnerschaft

Es geht Ihnen inzwischen besser und ich will Sie nun mit zwei Grundregeln für die Verbesserung von Partnerschaften vertraut machen:

- Wer etwas bekommen will, muss vorher etwas geben.
- Investieren muss der, der mehr an der Beziehung interessiert ist.

Wer die Partnerschaft verbessern will, muss also den ersten Schritt tun. Man mag dies für ungerecht halten. Vor allem von

Frauen höre ich immer wieder die Frage: »Warum muss ich mich um meinen Partner bemühen, warum soll ich überhaupt nett zu ihm sein? Ich sehe vieles an ihm kritisch und bin gar nicht gewillt, auf ihn zuzugehen. Vielmehr müsste er sich um mich bemühen.« Ich kann diese Ansicht verstehen, sie klingt logisch und ist nachvollziehbar. Schließlich haben Sie sich lange mit der Liebesbeziehung auseinandergesetzt, haben die Schwierigkeiten analysiert und haben bereits viel investiert. Sie haben versucht, mit Ihrem Partner zu reden, haben einige Ratgeberbücher gelesen und mit Freundinnen gesprochen. Nichts hat bisher wirklich geholfen. Nach wie vor erwarten Sie vergeblich, dass sich Ihr Partner ändert.

Doch wenn Sie wirklich die Liebesbeziehung verbessern wollen, müssen Sie den ersten Schritt tun. Sie müssen zunächst die Stimmungsschäden in der Partnerschaft reparieren. Eine unbefriedigende Beziehung ist oft wie ein Haus, in dem es durchregnet. Es sind die schlechten Stimmungen, die eine Partnerschaft ruinieren. Oft haben wir sie vernachlässigt, Beruf und Kinder waren wichtiger. Wenn wir sehr belastet und überfordert sind, ist die Liebe oft das Lebensfeld, in dem wir keine Investitionen mehr vornehmen. Wenn man sich um den Erhalt von Häusern so wenig kümmern würde wie um die Ehen, gäbe es nur noch Ruinen. Allen ist klar, dass man immer wieder die Mängel am Dach reparieren und die Fassade ausbessern muss, damit keine bleibenden Schäden entstehen. Wenn wir dieses Bild auf die Liebe übertragen, sind es die Streitigkeiten und Lieblosigkeiten, die zu Krisen führen. Das Dach der Partnerschaft wird undicht, es regnet durch und die Beziehung bietet keinen Schutz mehr. Die Stimmung ist kühl, wir führen untergründige Machtkämpfe. Solche Stimmungsschäden müssen wir dringend reparieren, indem wir wieder stärker in die Beziehung investieren.

Wir müssen also Liebesarbeit leisten, obwohl wir mitunter dazu wenig Lust verspüren. Dass die Verbesserung der Partnerschaft Arbeit ist, mag befremdlich klingen, denn in der Verliebtheitsphase haben wir den Eindruck, dass die Liebe vor allem zu einem Lebensgefühl der Leichtigkeit führt. Wir sind in dieser Zeit zum Partner freundlich, weil er alle unsere Erwartungen erfüllt. Doch einige Jahre später kostet es uns Überwindung, uns um den anderen zu bemühen. Wenn wir dann nur aus dem Bauch heraus handeln, sind wir mitunter rücksichtslos.

Nun kann es durchaus sein, dass Sie von meinen Argumenten nicht überzeugt sind. Sie empfinden zwar meine Ausführungen als logisch, aber Sie fragen sich: Lohnen sich meine Bemühungen? Will ich überhaupt mit meinem Partner zusammenbleiben? Mein dringender Ratschlag ist: Wenn Sie unsicher sind, ob Sie die Partnerschaft fortsetzen wollen, dann geben Sie ihr eine Chance und starten noch einmal durch! Werben Sie um den Partner, tun Sie alles, um die Beziehung zu verbessern. Erst wenn Sie erneut in die Partnerschaft investieren, werden Sie wissen, ob diese tatsächlich am Ende ist. Wenn Sie resigniert haben, ist so viel Distanz entstanden, dass Sie den Partner und auch Ihre eigenen Wünsche nicht mehr spüren können. Das ist eine sinnvolle Notmaßnahme, denn Sie können sich nicht ständig am anderen reiben, sich ärgern und leiden. Deshalb handeln wir alle so wie ein Betreiber eines ehrwürdigen Hotels, der das Licht herunter dimmt, weil er den Zustand seiner verschlissenen Sessel nicht mehr erträgt. Aus den Augen, aus dem Sinn, heißt hier das Motto. Doch wenn wir in der Partnerschaft auch so vorgehen, haben wir unsere Affekte so weit heruntergeschraubt, dass wir nicht mehr wissen, was wir wollen.

Meist sind wir hin- und hergerissen: Wir spüren deutlich, dass wir verschiedene Eigenheiten des Partners nicht ertragen. Gleichzeitig finden wir einige seiner Eigenschaften noch immer attraktiv. Dann gibt es Kinder, einen gemeinsamen Freundeskreis und man hat schon so lange Zeit miteinander verbracht, dass man sich eine Trennung nicht wirklich vorstellen kann.

Eine 41-jährige Stadtplanerin sagte mir: »Ich ärgere mich sehr über meinen Partner, der so wenig engagiert, ehrgeizig und männlich ist. Er ist oft so furchtbar zögerlich. Das ist für mich eine ziemliche Belastung, denn wir haben ein 3-jähriges Kind. Manchmal überlege ich mir, ob ich gehen soll. Aber die anderen Männer gefallen mir auch nicht. Und mein Mann hat durchaus Vorzüge: Er ist ein guter Vater, hilft mir viel im Haushalt, ist sehr freundlich, hat keine Stimmungsschwankungen, ist treu. Ich finde, dass die Vorzüge überwiegen. Und man darf nicht vergessen, dass wir ein Kind haben. Soll ich die Familie auseinanderreißen? Soll ich mir das antun: mich zu trennen und dann noch einmal alles aufzubauen? Ich selbst bin doch auch manchmal schwierig und ich weiß, dass es nach einiger Zeit mit einem anderen Partner wieder so sein wird. Also arrangiere ich mich und weiß, dass ich seine Berührungen im Bett schon lange nicht mehr als erotisch empfinde, dass ich ihn nicht bewundere, eigentlich oft nicht liebe. Aber ich schätze ihn, fühle mich bei ihm wohl, er nimmt mir viel ab, ich kann mir ein Leben ohne ihn nicht vorstellen. Also bleibe ich.«

Diese junge Frau investierte wieder mehr in die Beziehung, sie wurde freundlicher, verreiste mit ihrem Mann und näherte sich ihm erneut an. Und sie stellte nach einem Jahr fest, dass sie sich für ihn entschieden hatte. Die Beziehung war durch die bessere Stimmung regelrecht aufgelebt. Meine Patientin war davon sehr überrascht. Sie meinte einmal: »Dass meine Charmeoffensive so wirkungsvoll sein könnte, hatte ich nicht geglaubt.« Sie hatte bisher immer gedacht, es sei entscheidend, dass man vor allem offen und ehrlich in einer Partnerschaft sein sollte. Zu viel

Freundlichkeit empfand sie als übertriebene Anpassung. Fast hätte sie gesagt: als Schleimerei.

Frauen haben in den letzten Jahrzehnten gelernt, auch für die eigenen Interessen zu sorgen. Das war wichtig. Es hat aber dazu geführt, dass es ihnen heute häufig schwerfällt, ihren Männern zu sagen, was sie gut gemacht haben. Auch dadurch ist die Stimmung in vielen Partnerschaften härter geworden. Männer waren in Konflikten schon immer ungeschickter und meist kurz angebunden. »Komme 16 Uhr Bahnhof«, las ich kürzlich in einer SMS, die ich versehentlich bekam. Ein Freund hatte sie für seine Ehefrau geschrieben. Als ich ihn darauf ansprach, meinte er nur, man müsse nicht immer rumlabern. Durch diese Haltung fehlt in Partnerschaften oft jene Herzlichkeit, die dämpfend in Konflikten wirkt. Zudem sagt man vieles direkt und ist stolz darauf, sich so klar ausgedrückt zu haben. Alles muss raus, ist dann der Wahlspruch. Dabei lebt eine gute Liebesbeziehung immer auch davon, dass man das Positive hervorhebt und nicht ständig vom Negativen spricht. Daraus leitet sich meine erste konkrete Empfehlung für Sie ab. Versuchen Sie, Ihren Partner wieder mit anderen Augen zu sehen. »Muss ich mir denn den Partner schönsaufen?« fragte mich spöttelnd eine Kollegin. Das sollten Sie nicht. Aber in schlechten Beziehungen haben wir uns regelrecht auf die negativen Seiten des Partners »eingeschossen«. Aufgrund der ungelösten Probleme können wir die positiven Eigenschaften nicht mehr wahrnehmen. Und dies macht uns ungerecht und auch ungeschickt, weil wir jene Wertschätzung verloren haben, die uns liebenswürdig reagieren lässt.

Wenn Sie auch die positiven Eigenschaften des Partners sehen, werden Sie eine grundlegende Stimmungsveränderung beobachten. Dennoch sollte ich Sie an diesem Punkt warnen: Erhoffen Sie bitte nicht zu viel! Wir alle haben große Erwartungen, wenn wir aktiv werden. Doch nach meiner Erfahrung muss man doppelt so viel investieren und bekommt dann nur halb so viel, wie man eingeplant hat. Wenn bereits eine massive Entfremdung eingetreten ist, sollten Sie beispielsweise nicht erwarten, dass Sie mit Ihrem Partner tiefgründige Gespräche führen können. Setzen Sie stattdessen auf die kleinen Schritte:

Unternehmen Sie etwas, was Sie gemeinsam entspannt. Machen Sie zusammen Sport, gehen Sie tanzen oder in die Sauna, aber problematisieren Sie die Beziehung nicht. Und unterlassen Sie alles, was die Beziehung endgültig beenden würde. Also keine Beschimpfungen, wenn Sie extrem enttäuscht sind. Keine langen Gespräche nach einer Flasche Wein, wenn man redselig zu viel erzählt, was man einen Tag später bereut. Und vor allem: keine Seitensprünge. Das würde die Beziehung nicht überstehen.

Werben Sie vielmehr um den Partner: Kochen Sie sein Lieblingsessen, massieren Sie ihren/seinen Rücken, erspüren Sie seine/ihre Wünsche und Sie werden erleben, dass sich die Liebesbeziehung langsam verändert.

Strategie 5: Erfolgskontrolle

Wenn Sie nun mindestens 14 Tage um den Partner geworben haben, machen Sie bitte eine Erfolgskontrolle. Das ist in jedem Unternehmen üblich. Man formuliert seine Ziele und kontrolliert nach einem festgelegten Zeitraum, ob man diese erreicht hat. Fragen Sie sich also: Haben sich die Bemühungen gelohnt, haben Sie die richtige Strategie verfolgt? Ich bin überzeugt, dass dies in den meisten Beziehungen der Fall ist. Es kann aber sein, dass der Partner durch Ihre kleinen Aufmerksamkeiten sogar schlimmer geworden ist. Wenn Sie mit einem Narzissten zusammenleben, wenn er arrogant ist, wenn er große Angst vor Nähe hat, kann ein sehr freundliches Verhalten manchmal kontraproduktiv sein. Dann müssen Sie notfalls eine andere Strategie wählen. Das ist bei der Behandlung von körperlichen Problemen nicht anders. Falls Sie unter Muskelverspannungen leiden, hilft fast immer Wärme. Sofern es sich jedoch um einen Entzündungsprozess handelt, wird die Wärmebehandlung zu einer Verschlimmerung führen. Sollte also Ihr Partner nach Ihrer Werbungsoffensive eher distanzierter, schwieriger und aggressiver geworden sein, müssen Sie Ihr Verhalten überprüfen. Konzentrieren Sie sich dann auf die eigene Entwicklung, achten Sie darauf, dass Sie stärker werden und konsequent handeln. Wie das geht, werde ich Ihnen auf den kommenden Seiten vermitteln. Welche Strategie letztlich richtig ist, werden Sie selbst spüren, sobald Sie aktiv werden. Auf jeden Fall sind Sie auf dem richtigen Weg, wenn Ihr Partner plötzlich sehr aufmerksam ist und eine ungewohnte Nähe herstellt.

Strategie 6: Gespräch

Nun haben Sie versucht, die Stimmung in der Partnerschaft zu verbessern. Vielleicht hat sich die Atmosphäre in Ihrer Beziehung wirklich verändert. Doch oft reicht eine solche Stimmungsverbesserung nicht aus. Dann sollten Sie jetzt auf den Partner zugehen und mit ihm ein Gespräch suchen. Allerdings ist fraglich, ob jetzt schon Gespräche über Konfliktthemen gelingen können. Zu dünn ist noch immer das Beziehungs-Eis, zu groß der Abstand in der Partnerschaft. Notwendig sind eher emotionale Gespräche, bei denen man bemüht ist, wieder einen Zugang zum anderen zu finden. Es sind kleine Aufmerksamkeiten, manchmal eine fast beiläufige Anerkennung, interessierte Fragen. Es sind kleine Botschaften von Herz zu Herz, bei denen jeder dem anderen mitteilt: »Ich will Dir Gutes tun.« So beginnt dann ein fruchtbarer Dialog, bei dem auch in scheinbar sachlichen Gesprächen eine neue Nähe entsteht. Dies wurde vor allem durch eine Studie der Wayne State University nachgewiesen. Wissenschaftler ließen immer zwei Paare vorgegebene Fragen diskutieren. Dann mussten sie darüber Auskunft geben, welche Auswirkungen die Diskussion auf ihre Partnerschaft hatte. Die einhellige Meinung war, dass durch die Gespräche die Beziehung belebt wurde.

Die Gesprächskultur

Auf diese Weise wird die Gesprächskultur der Partnerschaft erheblich verbessert. Das ist so, als würden Sie den Garten umgraben, die Erde düngen und alles für die Aussaat vorbereiten. Ähnlich wichtig ist die Gesprächskultur. Sie ist die Basis der Partnerschaft. Eine gute Liebesbeziehung ist vor allem ein Gespräch, alles andere geht im Laufe des Lebens zurück. Die Leidenschaft wird geringer, die gegenseitige Bewunderung sinkt, aber gute Paare können immer miteinander reden. Sprechen Sie also mit Ihrem Partner. Doch solche Gespräche gelingen nach einer Phase der Entfremdung nur, wenn man sie als Neubeginn betrachtet.

Wir müssen uns selbst nach Jahren wieder bewusst werden, wie wenig wir uns kennen. Frank Sinatra meinte einmal: »Ich glaube, dass die Schwierigkeiten zwischen den Geschlechtern daher rühren, dass sich keiner in die Welt des anderen versetzen kann.« Das wussten wir am Anfang der Beziehung und stellten dem Partner viele Fragen. Damals war alles für uns interessant. Wir fanden es spannend, dass der Partner viele ähnliche Erlebnisse hatte, in vielem aber auch anders war. Wir waren uns bewusst, dass wir nur einen sehr kleinen Teil seiner Welt begriffen haben. Doch tatsächlich wissen wir auch nach Jahren vom Partner nur wenig. Eigentlich geht es uns so wie den mutigen Entdeckern, die vor hunderten Jahren Südamerika erforschten. Diese kannten schließlich einige große Flüsse, einige Berge, aber die Urwälder und weiten Landstriche waren für sie weiße Stellen auf der Landkarte. Geht es uns mit unserem Partner nicht ähnlich? Wir erfassen seine seelischen Urwälder kaum, verstehen mitunter seine Gefühle, seine Bedürfnisse, seine Verletzlichkeiten nicht. Wir wissen von ihnen auch deshalb nichts, weil sich jeder in der Beziehung zunehmend zurückgezogen hat. Emotionales wird nicht mehr mitgeteilt. Man sagt dem Partner nicht mehr, wann man Angst hat, wann man gekränkt und enttäuscht ist. Man teilt sich nur noch eher belanglose sachliche Tatsachen mit (»Das Auto muss in die Werkstatt«). Doch im Untergrund schlummern irrationale Gefühle. Aber darüber redet man nicht und so entsteht ein verhängnisvoller Prozess. Ich bin zunehmend vom anderen enttäuscht und gekränkt und verliere meine Neugierde. Letztlich interessiere ich mich nicht mehr dafür, wie er sich fühlt. Schließlich handele ich wie eine Kolonialmacht. Ich will den anderen dazu bringen, meine Bedürfnisse zu erfüllen, ohne dass ich seine emotionale Kultur, für seine Gefühle und Wünsche begreife. Und das Problematische daran ist: Ich bin davon überzeugt, den Partner wirklich zu kennen. Genauer gesagt: Ich kenne seine negativen Eigenschaften. Ich habe ihn entlarvt und bin ernüchtert.

Das neue Kennenlernen

Nach einer großen Entfremdung ist das Bild des Partners sehr eingetrübt. Man ist weit entfernt davon, sich wirklich in ihn hineinversetzen zu können. Doch genau dies ist wichtig für die Verbesserung der Partnerschaft. Deshalb sollten Sie noch einmal neugierig aufeinander werden – auch wenn Sie schon 20 Jahre zusammenleben. Denn oft liegt die Ursache für Konflikte in einem mangelnden Verständnis füreinander. Darum sollten wir unbefangen mit einem neuen Kennenlernen beginnen. Warum erfragen wir nicht noch einmal die Kindheit des Partners? Lassen Sie sich daher seine Kindheitserinnerungen erzählen. Dann werden Sie genauer begreifen, wie seine Lebenseinstellungen entstanden sind. Wenn wir so viel Interesse für den anderen aufbringen, wenn so viel Emotionales ins Schwingen gerät, gelingen auch Gespräche über unsere Liebesbeziehung.

Mit den Augen des Partners

Sie können sich nun an Problemgespräche heranwagen und dazu brauchen Sie vor allem zwei Eigenschaften: Geduld und Geschicklichkeit. Und zur Geschicklichkeit gehört es, dass Sie nicht nur Ihre eigenen Wünsche äußern. Versuchen Sie doch einmal, die Probleme der Liebesbeziehung mit den Augen des Partners zu sehen. Fragen Sie sich bitte: Wie denkt er über Sie, was stört ihn? Normalerweise wehren wir diese Frage ab und so entsteht eine Grundproblematik. Während wir die eigenen Defizite kleinreden, sehen wir sehr deutlich die Fehler des Partners. Dies ist die unterschiedliche Bewertung des eigenen Lebens im Unterschied zu dem des Partners, die ich in jeder Liebesbeziehung gefunden habe. Die Toleranz für sich selbst trifft immer auf den kritischen Blick gegenüber dem Partner. Wenn ich dies den Paaren erklärt habe, akzeptieren sie fast immer meine Theorie der »Zweierlei-Maß-Bewertung« und schmunzeln.

Das unterschiedliche Bewertungssystem

Nun ist es durchaus normal, dass jeder von uns die eigenen problematischen Anteile als gering, die des anderen als groß betrachtet. Wir haben immer ein anderes Bewertungssystem für den Partner. Natürlich wissen wir, dass wir morgens manchmal schlecht gelaunt sind, gelegentlich unordentlich sind, häufig schnarchen, nicht immer gut zuhören können. Aber das müsste doch ein halbwegs toleranter Partner aushalten können? Schließlich haben wir aus unserer Sicht so viele tolle Eigenschaften, dass unser Liebes-Konto insgesamt im Plusbereich liegen muss. Beim Partner ist das anders. Er hat No-Go-Eigenschaften, die – wiederum aus unserer Sicht – jede für sich eine Todsünde sind. Wenn er häufig im Stehen pinkelt, gelegentlich viel zu spät aus dem Büro nach Hause kommt, wenn er immer wieder in den Hobbykeller geht, anstatt zu reden – ist dies nicht zu entschuldigen. Das kann auch nicht damit wettgemacht werden, dass er die Regenrinne repariert hat, verlässlich und gelegentlich ganz ausdauernd im Bett ist.

Die demokratische Bewertung

Sie sollten also die positiven Eigenschaften des Partners genügend würdigen. Wenn er einkaufen geht, zuverlässig ist und gestern gekocht hat, sollten Sie ihm einige Pluspunkte geben. Auch wenn er einmal mit den dreckigen Gartenschuhen in das frisch geputzte Wohnzimmer gelaufen ist, befindet er sich dann noch immer im positiven Bereich. Mit der demokratischen Bewertung des Partners fängt eine der wichtigsten Veränderungen für eine gute Liebesbeziehung an. Sehen Sie daher seine Eigenschaften genauso tolerant wie sich selbst.

Nun sind Sie in einer friedfertigen und nachdenklichen Stimmung und das achtungsvolle Gespräch mit dem Partner kann gelingen. Jetzt sollten Sie ihm ein Angebot machen. Sagen Sie ihm: »Ich will, dass Du in Zukunft mit mir glücklicher bist. Sage mir, was ich anders machen soll!« Ich bin überzeugt: Wenn Sie das einem männlichen Partner sagen, dann antwortet er, obwohl er sonst bekanntermaßen gern einem solchen Gespräch ausweicht. Insofern ist ein solches Angebot immer erfolgreicher als die Aufforderung, man müsse wieder miteinander reden. Männer weichen aus gutem Grund im Partnerschafts-Gespräch den Frauen aus. Sie wissen, dass sie sich mit emotionalen Fragen nicht auskennen. Daher reden sie lieber über Börsenkurse und Autos und erklären Frauen die Welt. Immer besteht für sie die Gefahr, dass sie bei emotionalen Auseinandersetzungen sprachlos werden. Daher hat es keinen Sinn, einen einsilbigen Ehemann zu sehr zu bedrängen. Stattdessen muss ich mich in einen solchen Partner hineinversetzen und mich fragen: Was könnte sein Interesse an einem solchen Gespräch sein? Ich werde ihn nur dazu veranlassen, wenn er dabei den Eindruck hat, dass es ihm danach besser geht. Es muss also eine klassische Win-Win-Situation sein. Sonst wird er mauern. Schlagen Sie daher dem Partner vor, dass Sie einen seiner Wünsche erfüllen, falls auch er dazu bereit ist.

Sicher wird es für Sie nicht leicht sein, dem Partner die eigenen Wünsche ruhig zu offenbaren. Rechnen Sie damit, dass manchmal Ihre Affektstimmung mit Ihnen durchgeht. Das ist verständlich, denn nach der von mir zuvor empfohlenen Phantasiereise sind Sie enttäuscht, vielleicht sogar aufgebracht. Es gehört viel Besonnenheit und Geduld dazu, Konfliktgespräche so zu gestalten, dass sie gelingen können. Deshalb will ich Ihnen noch einmal das Wichtigste ans Herz legen: Achten Sie darauf, dass Sie in dem Gespräch den Partner nicht verletzen. Meist haben wir vor allem im Kopf, dass wir den anderen von unseren Gefühlen überzeugen wollen. Natürlich sind dann folgende Aussagen verständlich:

- Du machst nie das Klo sauber, außerdem pinkelst Du immer daneben, Du bist ein Ferkel ...
- In der Küche hilfst Du nie, Deine Mutter hat Dich ständig verwöhnt, Dir alles hinterhergetragen ... Eigentlich brauchst Du eine Putzfrau mit Erotik.
- Oder aus männlicher Sicht: Jeden Tag meckerst Du an mir rum; nie mache ich Dir was recht.

Solche Aussagen sind verständlich, aber nicht zielführend. Vergessen Sie nicht Ihre Strategie: Sie wollen die Liebesbeziehung verbessern und müssen alles unterlassen, was diesen Erfolg behindert. Und das Gespräch kann nur gelingen, wenn Sie achtungsvoll und emotional-gewinnend mit dem Partner reden. Sie haben doch meist schon jahrelang Ihre Unzufriedenheit ausgedrückt, er kennt durchaus Ihre Wünsche und Argumente. Sie müssen das nicht wiederholen und nach der Rammbockmethode vorgehen. Mit dem Rammbock wurden im Mittelalter die massiven Burgtore zerstört. Doch Ihr Partner ist keine Burg, wenn Sie so vorgehen, wird sein Widerstand nur immer stärker werden. Deshalb sollten Sie eine andere Methode wählen.

Die Wirkung der eigenen Worte

Wäre es nicht angebracht, dass Sie die kleinen Veränderungen hervorheben, die es hoffentlich in den letzten Wochen in der Partnerschaft gegeben hat? Könnten Sie nicht zunächst erwähnen, was Sie in dieser Beziehung hält, was positiv ist? Könnten Sie nicht dem Partner sagen: »Ich will Dich nicht verletzen, ich habe einen Wunsch, ein Anliegen, aber ich fürchte, dass Du empfindlich reagierst. Das möchte ich vermeiden. Ich möchte, dass die Beziehung mit Dir besser wird. Was soll ich tun?«

Eine solche versöhnliche Botschaft an den Partner ist wichtig, denn Sie stehen vor einer schwierigen Aufgabe: Sie müssen die eigenen Gefühle und Ansprüche spüren und gleichzeitig sondieren: Wie kommen meine Worte beim Partner an? Und am besten wirken Ihre Bemühungen, wenn Sie folgende Strategie anwenden: Konzentrieren Sie sich auf einen ganz konkreten Entwicklungsschritt, den Sie sich vom Partner wünschen. Wenn er sich in diesem Punkt bemüht, ist dies ein Zeichen der Veränderungsbereitschaft.

Allerdings sind solche Gespräche nur dann sinnvoll, wenn wir sie auch beenden können. Wir müssen sie selbst dann vorläufig beenden, wenn wir mit dem Ergebnis nicht zufrieden sind. Lassen Sie die Gespräche ruhen, falls es nur noch einen Ping-Pong-

Austausch gibt. Das eigentliche Verhängnis solcher Auseinandersetzungen besteht meist darin, dass Ihr Partner fortwährend argumentiert und seinerseits Kritik äußert. »Du hast ja auch, Du machst ja auch nicht«, lauten dann jene Sätze, die zum Absterben des Gesprächs führen. Deshalb hat ein Psychiater einmal mit seiner Frau ein Abkommen geschlossen: Sobald einer das Zauberwort ausspricht, muss der andere zuhören und darf den Sprechenden nicht unterbrechen. Und danach muss er drei Minuten warten, bevor er antwortet. Auf diese Weise könne man schwierige Probleme anpacken, ohne dass sofort eine Abwehr mobilisiert werde.

Doch was können Sie tun, wenn solche Gespräche trotzdem nicht zufriedenstellend verlaufen? Sie können sich zwar über das Wetter und die Klimakatastrophe unterhalten, aber nicht über Ihre Partnerschaft. Dann ist es vielleicht ein Weg, wenn Sie sich einen Brief oder E-Mails schreiben. Das ist jedenfalls der Vorschlag von Senta Berger. »Da kann man sich erklären, ohne dass der andere etwas dagegen sagt. Man hat Zeit, seine Position noch einmal zu überdenken – dann wird das schon wieder.«

Rechnen Sie jedoch damit, dass eine Konfliktklärung beim ersten Anlauf nicht gelingt. In diesem Fall sollten Sie das Gespräch vertagen. Beharrlichkeit und gleichzeitig Geduld und Geschicklichkeit sind die Elemente der erfolgreichen Partnerschaftsstrategie. Wiederholen Sie also nach einigen Tagen diese Gespräche und gehen Sie davon aus, dass Ihr Partner Ihre Wünsche zur Hälfte erfüllt. Erfahrungsgemäß wird er Ihnen in bestimmten Bereichen zustimmen, in anderen nicht. Das ist normal. Aber wenn sich nach vier Wochen noch immer nichts tut, dann legen Sie eine Partnerschaftspause ein und fahren mit einer Freundin ins Grüne. Bleiben Sie nie zu lange in einer Ohnmachtshaltung, sonst verlieren Sie Ihre Gestaltungskraft und ziehen sich schließlich zurück. Suchen Sie immer eine aktive Strategie, die zur Realisierung Ihrer Interessen führen wird – auch wenn der Partner nicht perfekt ist.

Strategie 7: Paartherapie

Sie haben nun versucht, mit Ihrem Partner zu reden und Ihre Liebesbeziehung hat sich hoffentlich verbessert. Aber es ist nicht ungewöhnlich, wenn Sie trotzdem enttäuscht sind. Besser gesagt: Sie sind fast zwangsläufig enttäuscht. Unsere Erwartungen entwickeln sich immer schneller als der Partner. Sobald wir uns etwas bemühen, denken wir an die perfekte Liebesbeziehung. Wir brauchen also Geduld. Dennoch ist eine gewisse Unzufriedenheit verständlich. Zwar hat Ihr Partner tatsächlich in der Küche aufgeräumt, Sie reden wieder etwas miteinander. Aber grundsätzliche Probleme sind nicht geklärt, Sie haben manchmal den Eindruck, dass er Sie einfach nicht verstehen will. »Er kritisiert mich ständig, nennt mich seine Kleine, will oft unvermittelt mit mir Sex, sitzt stundenlang vor dem Computer, das ist doch keine Partnerschaft. Jetzt reden wir wieder etwas miteinander, aber die Veränderungen sind mir doch zu gering«, so eine Patientin. Und sie fragte schließlich ihren Partner, ob er bereit wäre, mit ihr eine Paartherapie zu machen.

Diese Patientin verhielt sich vorbildlich. Sie kam relativ früh auf diese Idee, die meisten Paare entschließen sich eher spät zu einer solchen Behandlung. Oft kommen Paare erst dann, wenn sie kurz vor einer Trennung stehen. Doch es ist sinnvoll, wenn Sie eine Paartherapie bereits dann beginnen, wenn Sie spüren: Wir kommen allein nicht weiter. Allerdings ist zwar ist eine Paartherapie heute viel akzeptierter als noch vor 10 Jahren. Selbst das Präsidentenpaar Bettina und Christian Wulff versuchte so – jedoch letztlich vergeblich – ihre Ehe zu retten. Aber ein Teil der Männer lehnt dies noch immer ab und meist sind sie auch nicht bereit, eines der zahlreichen Ratgeberbücher zu lesen, die auf dem Nachttisch ihrer Partnerin liegen.

Zudem müssen wir bedenken, dass eine Paartherapie keine Erfolgsgarantie für die Rettung einer Beziehung ist. Die Erfolgsquote liegt zwar immerhin zwischen 40 und 80 %. Natürlich ist dies auch abhängig von der Berufserfahrung, der Qualifikation des Beraters. Deshalb werden Sie die Frage stellen: Wie findet man einen guten Berater? Naheliegend ist es, dass Sie vertraute Paare bzw. Ihren besten Freund/ Ihre beste Freundin fragen. Aber selbst ein versierter Berater hat mit einer Kernproblematik zu kämpfen. Diese liegt darin begründet, dass jeder Partner die Veränderung vom anderen erwartet. Der Berater ist daher oft in der Rolle eines Scheidungsanwalts. Er muss sehr darauf achten, dass er nicht zu sehr Partei ergreift. Dann fühlt sich ein Partner nicht verstanden und der Berater verfehlt seine wichtigste Aufgabe: Die Entwicklungsprozesse in einer Beziehung zu fördern.

Wir waren für die Kinder da

Um einen Einblick in eine solche Paartherapie zu geben, schildere ich Ihnen eine Behandlung:

Ein sportlicher Mann, 55 Jahre alt, und eine 52-jährige Frau kommen zu mir in die Beratung. Beide wirken gutmütig, etwas angespannt, aber ich spüre, dass der Faden der Nähe bei ihnen noch erhalten ist. Sie berühren sich gelegentlich, er hilft ihr aus dem Mantel, sie lacht, als er eine lustige Bemerkung macht. Und dann beginnt sie: »Wir haben seit 5 Jahren keine Sexualität mehr.« Er unterbricht: »Eigentlich fing es damit an, dass die Kinder kamen, der Sex wurde immer weniger, wir hatten kein Privatleben mehr.« Ein Problem, das es oft gibt. Aus Partnerschaft wird Elternschaft, man trifft sich nicht mehr als Paar, die

Erotik erlischt. »Wir waren für die Kinder da, haben uns gemeinsam gekümmert, wenn sie krank waren, meine Frau ist sehr versorgend, sie kann fabelhaft kochen, sie ist eine gute Mutter.« Das sind wunderbare Eigenschaften, aber zu viel »Muttermilch« erstickt die Erotik vollständig. Man begegnet sich dann nur noch auf der Eltern-Ebene und manchmal sagt man sogar zueinander Mutter bzw. Vater. Doch meist gibt es einen Partner, der darunter leidet und ausbricht. Dies war der Ehemann, gekränkt erzählte die Ehefrau: »Und dann ging er auch noch fremd, in der Kur, es hat mich sehr verletzt.« Der Ehemann: »Ich weiß auch nicht warum ich dies tat, ich bereue es sehr.«

Viele Männer haben nicht den Mut, offen zu sagen, warum sie fremdgegangen sind. Auch dieser Mann wirkt eher schüchtern, wie ein großer Bruder und ich frage nach, wie denn diese fremde Frau war. Er betont, sie sei schlank und frech und sehr aktiv gewesen. Sie habe bei dieser Affäre die führende Rolle gehabt. Ich hatte mir vom Paar vorher Fotos geben lassen und mir fiel auf, dass beide im Laufe der Jahre im Körperumfang sehr zugelegt hatten. Er hatte einen dicken Bauch bekommen, seine Frau war in ihrer Ausstrahlung etwas hausbacken geworden. Ich frage daher, welche spannenden Momente es in den letzten Jahren in der Ehe gegeben hätte. »Die gab es nicht mehr, wir waren viel zu Hause, mein Mann ist beruflich viel unterwegs, dann kümmerten wir uns noch um die kranke Mutter, die Ehe war immer gleich«, antwortet sie. Nun ist Langeweile immer tödlich für die Sexualität, beide Ehepartner waren auf die Versorgungsschiene geraten: Es ging viel ums Kochen, teilweise um die Pflege der Mutter. Damit hatten sich scheinbar beide abgefunden, aber es lauerte noch ein tiefgehender Konflikt. Beide hatten sich verändert und waren für den anderen nicht mehr attraktiv.

Als ich sie frage, welche Eigenschaften sie früher aneinander geliebt haben, antwortet mir der Ehemann: »Sie war so schlank und ein wenig frech, sie war aufregend.« Und genau dies hatte der Ehemann bei diesem Kurschatten gefunden. Doch er konnte natürlich seiner Frau nicht sagen: »Nimm ab, sei aktiver, dann wirst Du wieder attraktiv.« Schließlich war er selbst dick geworden und unternahm wenig. Diesen Konflikt deute ich dem Paar an und beide greifen dann dieses Thema auf: »Es stimmt, wir sind sehr aus dem Kleister gegangen und wir machen nichts mehr, weder allein noch zusammen.« Und ich spüre in den kommenden Sitzungen: Es war nicht nur die Erotik, die Partnerschaft war eingeschlafen und nun standen beide vor einer schwierigen Aufgabe. Jeder musste seine Schüchternheit, seine Ängste überwinden, sie mussten wieder expandieren, jeder musste auch für sich allein etwas unternehmen, damit die Beziehung spannend wurde. Das war allerdings nicht leicht, denn sie hatten ein gemeinsames Problem. Beide waren ängstlich und hatten sich zu sehr in die Sicherheitszone der Partnerschaft zurückgezogen. Das sahen sie nach einigem Zögern ein und begriffen, dass sie für ihr Sicherheitsstreben, auch für ihre Bequemlichkeit einen hohen Preis bezahlt hatten: den Verlust der Erotik. Schließlich wurden sie aktiver, planten einiges allein, manches aber auch zusammen. Sie gingen häufiger ins Kino, machten eine Radtour, entschlossen sich zu einem Tanzkurs und nach einigen Monaten fing die Erotik in dieser Ehe wieder an zu leben.

Diese Schilderung soll die Vorgehensweise einer Paarberatung verdeutlichen. Sie ist geglückt, weil sich beide für ihre Entwicklung interessierten und sehr gutmütig waren. Eine Paarberatung ist schwierig, wenn es heftige Machtkonflikte gibt, wenn sich beide sehr auseinandergelebt haben und wenn sich sehr persönliche Schwierigkeiten in der Beziehung auswirken. Dann ist oft eine Einzeltherapie sinnvoll.

Ist Veränderung möglich?

Doch auch wenn Ihr Mann einer Paartherapie zustimmt, stehen Sie vor einem Problem. Häufiger verhalten sich Männer in einer solchen Behandlung eher vorsichtig-ausweichend, wenn Sie über Ihre Gefühle in der Partnerschaft reden sollen. Während sich Frauen meist sehr für den Fortschritt der Beziehung interessieren, sind es fast immer die Männer, die in einer solchen Behandlung mauern. Deshalb verlieren die Frauen oft die Geduld und überlegen, ob sie nicht alles hinschmeißen. Und vielleicht sind auch Sie manchmal an dem Punkt angelangt, dass Sie sich fragen: Hat die Partnerschaft überhaupt noch einen Sinn? Die Frage ist verständlich, denn Sie fühlen sich ohnmächtig und sind erschöpft.

Inzwischen haben Sie viele Ratgeberbücher gelesen, haben stundenlang mit Freundinnen/Freunden über Ihre Eheprobleme geredet und das Resultat ist bescheiden. Sie haben sogar eine Paartherapie begonnen – mit mäßigem Erfolg. Und nun sind Sie ratlos. Monatelang haben Sie versucht, am Partner zu rütteln, Sie waren wütend, mitunter verzweifelt – aber es nützte wenig. Das ist der Moment, wo Ihnen oft von einer guten Freundin, einem guten Freund vorgeschlagen wird, Sie sollten authentisch sein. Sie sollten dem Partner sehr eindrücklich sagen, wie es Ihnen geht. Sie sollten Klartext reden. Nun kann dies tatsächlich sinnvoll sein. Es kann der notwendige Befreiungsschlag werden. Manchmal verhalten wir uns sehr harmoniesuchend und es ist gut, wenn wir klare Worte finden. Dennoch möchte ich Sie etwas bremsen. Die Möglichkeit der Verständigung sinkt dann zunehmend und Sie sind schließlich davon überzeugt, dass die Beziehung nur noch eine Zukunft haben kann, wenn sich Ihr Partner grundlegend ändert. Doch genau dies wird er nicht tun. Partner wollen nicht verändert, sie wollen verstanden werden. Deshalb mahnte schon der Dichter Johann J. W. Heinse, man müsse Menschen immer freiwillig handeln lassen.

Versuche nicht, ihn zu erziehen

Leider beherzigen wir diese Mahnung des Dichters meist nicht. Fast immer versuchen wir, den anderen zu verändern und erreichen damit nichts. Erst im Laufe des Lebens begreifen wir, dass durch solche Veränderungs-Strategien ein partnerschaftlicher Kleinkrieg entsteht. Schließlich zieht sich jeder zurück und investiert weniger in die Beziehung. Deshalb mahnte auch Loki Schmidt: »Komm bloß nicht auf die Idee, ihn erziehen zu wollen. Du findest ihn ja attraktiv, weil er so ist, wie er ist, und nicht anders« und im Schwäbischen gibt es den Spruch: »Weib, mach mich net zur Schneck, sonscht hosch oine.« Übersetzt: Frau, mache mich nicht zur Schnecke, sonst hast Du eine.

Beschwerde der Männer

Frauen stellen meist größere Ansprüche an die Beziehung und versuchen dann vergeblich, die Männer umzumodeln. Und so beschwerte sich auch ein Mann in einem Internetforum, noch nie sei ihm eine Frau begegnet, die nicht nach einiger Zeit eine Umerziehungsmaßnahme gestartet habe. Er wolle nicht dressiert werden. Er wolle sich nicht verbiegen lassen. Ständig werde ihm gesagt, was er anziehen solle, welche Freunde er haben dürfe. Er solle weniger Fleisch essen und am liebsten sei ihr, wenn er zum Vegetarier würde, das Rauchen aufgebe und keinen Alkohol mehr trinken würde. »Mich hat noch keine Frau umgekrempelt«, verkündet er stolz. Nun ist verständlich, dass er sich gegen diese Umerziehungsmaßnahmen wehrt. Doch handelt dieser Mann nicht wie ein Junggeselle? Gehört nicht etwas Veränderungsbereitschaft zu jeder Partnerschaft?

Die Aussage »Denk nicht daran, dass ich mich ändere« ist immer eine Kriegserklärung! Jeder von uns muss sich an dem Wandel in einer Partnerschaft beteiligen. Wir müssen kleine Eigenheiten aufgeben, die den anderen stören. Wir müssen uns auf den Partner einstellen, sonst funktioniert keine Liebesbeziehung. Man muss ja nicht alle Wünsche des anderen erfüllen, aber eine gewisse Veränderungsbereitschaft ist notwendig. Ich hatte einmal ein Paar in Therapie: Er rauchte unaufhörlich und fluchte – was sie sehr störte. Wenn er Auto fuhr – und er fuhr sehr schnell –, schimpfte er immer über die anderen Fahrer, die nach seiner Überzeugung den Führerschein abgeben sollten. Sie ärgerte sich über seine Wutanfälle und sagte ihm, dass sie nicht ständig seine Affekte ertragen wolle. Den anderen Autofahrern könne das egal sein, sie würden ihn nicht hören, sie aber sei seine Beifahrerin und das Opfer seiner unaufhörlichen Beschimpfungen. Nun hatte dieser Mann leider eine bestimmende Mutter und einen ziemlichen Eigensinn. Gern lief er wie ein Cowboy durch die Gegend, verhielt sich bewusst cool und war stolz darauf, dass er noch bei keiner Frau nachgegeben hatte. Er war nur sehr verwundert und gekränkt, als sie sich dann tatsächlich trennte.

Das Gutshaus wird kein Schloss

Wir sehen also: Eine gewisse Veränderungsbereitschaft ist in einer Beziehung wichtig. Dennoch ist es offenbar problematisch, wenn Sie versuchen, Ihren Partner zu erziehen. Denn dann handeln Sie so, als würden Sie ein Gutshaus kaufen und sich immer darüber ärgern, dass es kein Schloss ist. Dann sind Sie dermaßen unzufrieden und verstimmt, dass Sie die Schönheit des Gutshauses nicht mehr sehen können. Es geht Ihnen jede Wertschätzung verloren und Ihr Partner hat das Gefühl, dass Sie ihn ummodeln wollen – und tritt in einen emotionalen Streik.

Offenbar können wir keinen Partner grundlegend ändern. Gleichzeitig sollten wir uns jedoch mit störenden Eigenschaften nicht abfinden. Und so ergibt sich folgender Konflikt:

- 90 % aller Männer in einer Partnerschaft sagten mir, sie würden sich nicht ändern lassen.
- Gleichzeitig meinten 76 % der Frauen, sie würden unbedingt den Partner ändern wollen.

Daher ist es wichtig, noch einmal festzuhalten: Wir entwickeln uns freiwillig, wir bemühen uns, wenn wir uns geliebt fühlen. Aber wir wollen nicht umgemodelt werden. Dies ist auch das Ergebnis einer Studie von Klaus Schneewind, der das Geheimnis guter Beziehungen ergründete. Er fragte einige hundert Ehepaare nach ihrem Erfolgsrezept. Die häufigste Antwort lautete: »Den anderen so nehmen, wie er ist.« Doch das ist gut gesagt, wenn uns zu viel am anderen stört. Man sagt so schön, man solle den Partner mit seinen Schwächen lieben. Es gibt ja kleine liebenswerte Eigenheiten. »Ich liebe Dich dafür, dass Du anderthalb Stunden brauchst, um ein Sandwich zu bestellen«, sagt Harry zu Sally in dem gleichnamigen Film. Aber was ist, wenn der Partner ständig unpünktlich ist, nach Schweiß riecht und sich nicht duscht? Muss man das tolerieren? Ist es nicht normal, wenn wir uns ärgern? Wir müssen ja nicht gleich so wütend werden wie Heinrich Heine, der einmal über seine Ehefrau schrieb:

Deine Nücken, Deine Tücken,
Hab ich freylich still ertragen
Andre Leut an meinem Platze
Hätten längst Dich todt geschlagen.

Wie weit lässt sich eine Partnerschaft verändern?

Meist haben wir eine gewisse Toleranzbreite. Wir wissen, dass die Vorzüge jedes Partners immer eine Kehrseite haben. Wenn Sie mit einem Partner zusammenleben, der sehr verlässlich, eher schüchtern und hilfsbereit ist, haben Sie selten einen feurigen Kerl im Bett. Und wenn Sie als Ehemann mit einer sehr selbstbewussten, aktiven Frau zusammen sind, wird diese nicht immer romantisch sein. Dennoch müssen wir nicht resignieren. Denn die Handlungsspielräume sind meist größer, als wir denken. Das habe ich schon als junger Mann gewusst. Ich war mit 19 Jahren in eine attraktive Frau verliebt, die ich sehr umwarb. Doch sie blieb zurückhaltend und zögerte. Mancher bemitleidete mich, denn sie galt als ein wenig eigensinnig. Aber dann kam der Held der Klasse, der ziemlich arrogant und sehr distanziert war. Und plötzlich wurde diese junge Frau ungemein lieb und anhänglich, sie wirkte ängstlich und fing an, mit diesem Helden der Klasse zu flirten. Seitdem weiß ich, dass sich Menschen viel mehr ändern, als ich dachte.

Die schlechten Angewohnheiten

Gleichzeitig habe ich aber immer wieder die Erfahrung gemacht, dass die meisten Menschen im Laufe des Lebens so bleiben wie sie ursprünglich waren. Deshalb stellt sich die Frage: Wann können wir den Partner ändern und wann holen wir uns eine Abfuhr? Wandlungsfähig sind wir vor allem dann, wenn es sich um schlechte Angewohnheiten handelt, die uns nicht so wichtig sind. Und glücklicherweise beruhen viele Konflikte in einer Partnerschaft auf solchen Angewohnheiten. Man befragte einmal 1500 Paare, was sie am anderen stören würde. Die Hälfte der Paare gab an, es seien schlechte Angewohnheiten des anderen und insbesondere unterschiedliche Auffassungen von Ordnung.

Ich will das an einigen Beispielen verdeutlichen:

- Er pinkelt immer im Stehen und putzt das Toilettenbecken nie gründlich. Außerdem legt er seine Socken nie in den Wäschekorb, sondern immer über die Stuhllehne oder auf den Fernsehsessel.
- Er ruft meist nicht an, wenn er mal länger im Büro bleibt.
- Sie lässt ihn nie in Ruhe, wenn er die Fußballsendung schauen will.

Solche Eigenschaften können natürlich tief im Charakter verankert sein. Oft ergibt sich ein stiller Machtkampf, wenn man sich nicht darüber einigen kann, wie man die Zahnpastatube ausdrücken sollte. Aber glücklicherweise sind wir meist halbwegs kooperativ und können Angewohnheiten ändern, wenn die Beziehung grundlegend in Ordnung ist. Dann ist es uns wichtig, die Wünsche des Partners zu erfüllen.

Können Sie sich noch an Ihre Verliebtheit erinnern? Damals waren Sie ständig bemüht, seine/ihre Wünsche zu erfüllen. Deshalb gilt die Erkenntnis: Wer sich geliebt fühlt, ändert sich! Dieses Grundprinzip gilt auch noch nach vielen Jahren. In einer konstruktiven Partnerschaft werden Sie gern alle Eigenschaften korrigieren, die auf der Gewöhnungsebene liegen. Ob er sich an der Haustür die Schuhe auszieht oder nicht und wie sie ihn morgens begrüßt – das lässt sich mit gutem Willen ändern.

Doch alle Eigenschaften, die tiefer im Charakter verankert sind, lassen sich nur schwerkorrigieren. Und dies ist vor allem dann besonders schwierig, wenn der Partner eine problembelastete Kindheit hatte und wenn ihm die von Ihnen monierten Eigenschaften einen großen Gewinn brachten. Ich will das an einem Beispiel erläutern. Eine Frau erzählt mir in der Therapie, dass ihr Mann nie wirklich mit ihr reden würde. Dieser Mann hatte eine sehr bedrängende Mutter, sein Vater war oft abwesend. Und jeden Tag gab es nun ein Ritual. Die Mutter fragte immer: »Wie war's in der Schule?« »Ging so«, antwortete dann der Sohn. Die karge Art war offenbar notwendig, um die neugierige, bedürftige Mutter in Schach zu halten. Glauben Sie, dass dieser Mann mehr von sich preisgeben wird, wenn ihn seine Partnerin dazu auffordert?

Wir sehen also: Je tiefer ein Problem in der Persönlichkeit eines Menschen verankert ist, desto schwieriger ist die Veränderung. Dann hilft keine Werbungsoffensive, auch kein Gespräch. Beides wirkt nicht, denn die Probleme werden in ihrer Tiefenschicht nicht beeinflusst. Das wäre so, als würde man mit Kirschkernen gegen eine Mauer spucken, damit sie einstürzt. Warum das im täglichen Leben so vergeblich ist, will ich Ihnen an einem weiteren Beispiel erklären. Eine junge Frau kämpfte in ihrem Elternhaus gegen einen übergriffigen, cholerischen Vater, der Alkoholiker war. Dieser Vater verbot vieles, kritisierte die Patientin oft, die eines lernte: sich zu wehren. Sie hatte wenig Vertrauen in die Verlässlichkeit von Beziehungen und verachtete die Mutter, die sich immer anpasste. Angreifen, bevor man selbst angegriffen wird, war ihre Lebensdevise. Und folgerichtig suchte sie sich natürlich einen Partner, der das Gegenteil von ihr war: duldsam, zurückhaltend, harmoniesuchend.

Beide hatten einen Gewinn aus dieser Beziehung. Sie fand einen Partner, der verlässlich war. Er eine Partnerin, die gewissermaßen Leben in die Bude brachte und über jene Affektstruktur verfügte, die ihm versagt war. Aber es gab häufig Streit und er fühlte sich oft attackiert. Doch alle Versuche, sie friedlicher zu stimmen, blieben zunächst erfolglos. Seine Appelle »Sei doch mal nett« führten nur dazu, dass sie erwiderte, sie lasse sich nicht verniedlichen.

Die weichen und die harten Eigenschaften

Wer schon lange mit seinem Partner zusammen ist, wird halbwegs genau einschätzen können, welche Eigenschaften dieser ändern kann und welche nicht. Eine Studentin brachte dies genau auf den Punkt: »Es gibt weiche und harte Eigenarten. Mein Partner ist jünger, nicht so tüchtig wie ich, er wird sein Studium erst in einigen Jahren beenden. Das sind die harten Fakten. Doch es gibt auch weiche Eigenarten: Seine Konfliktunfähigkeit kann er sicher ändern. Er kann wahrscheinlich lernen, dass er mehr über sich redet. Das hat sich auch schon verbessert.« Die Studentin hatte genaue Lebenspläne. Sie wollte Karriere machen und gleichzeitig ein Kind auf die Welt bringen. Doch eine Familie wollte sie erst gründen, wenn beide das Studium abgeschlossen hatten. Sie fühlte sich daher wie zwischen Baum und Borke. Sie lernte zwar im Studium viele zukünftige Betriebswirte kennen, die mit Krawatte und weißem Hemd in die Vorlesungen kamen. Diese waren tüchtig, es wären auch gute Väter gewesen, aber sie waren nicht so nett wie ihr Partner. Und es wurde ihr zunehmend klar, dass sie bei einem Mann nicht alles bekommen würde.

Sie stand quasi vor einer sachlich-emotionalen Abwägung: Würde ihr die Liebenswürdigkeit des Partners so viel bedeuten, dass sie seine geringere Tüchtigkeit aufwiegen könnte? Wäre ihr die Nähe zu ihm so viel wert, dass sie sich mit einem späteren Zeitpunkt einer Familiengründung arrangieren könnte? Um eine Entscheidung treffen zu können, warb sie wieder um ihn. Dadurch spürte sie deutlicher, inwieweit er sich ändern konnte und wo nicht. Es gab intensive Gespräche, tiefgründige Auseinandersetzungen. Und sie blieb bei ihrem Partner und bezeichnete ihre Bemühungen als sehr erfolgreich. Sie redeten wieder mehr miteinander und ihr Partner wurde lebendiger, tüchtiger. Aber diese Erfolge waren nur möglich, weil sie aufhörte, ihn zu kritisieren. Sie beherzigte das sogenannte Gestalt-Gedicht von Fritz Perls:

»Ich tu, was ich tu; und Du tust, was Du tust.
Ich bin nicht auf dieser Welt, um nach Deinen Erwartungen zu leben,
und Du bist nicht auf dieser Welt, um nach den meinen zu leben.
Du bist Du, und ich bin ich.
Und wenn wir uns zufällig finden – wunderbar.
Wenn nicht, kann man auch nichts machen.«

Eines müssen Sie also begreifen: Sie können die Fehler des anderen nicht ausmerzen. Sie können ihn nicht umziehen. Sie müssen vielmehr die Eigenarten des Partners tolerieren und als Teil seiner Persönlichkeit ansehen. »Wer keine üblen Gewohnheiten hat, hat wahrscheinlich keine Persönlichkeit«, sagte einmal der amerikanische Schriftsteller William Faulkner. Nun mag eine solche Einschätzung vorübergehend trostreich sein, denn dann werkeln Sie nicht mehr am Partner herum und die Machtkämpfe nehmen ab. Aber der Konflikt ist dadurch nicht wirklich entschärft. Denn wie gehen Sie jetzt mit den störenden Eigenschaften des Partners um?

- Durch zu viel Toleranz geraten Sie in eine Ohnmachtsfalle und werden unzufrieden.
- Doch wenn Sie den Partner ändern wollen, werden Sie noch ohnmächtiger.

Das ist die Sackgasse der Liebe, in der sich viele Partnerschaften nach einigen Jahren befinden.

Der Ausweg aus der Sackgasse

Ich will Ihnen nun zeigen, wie Ihre Wünsche trotzdem in Erfüllung gehen können. Ich bin überzeugt: Sie können eine Veränderung in der Beziehung bewirken, auch wenn der Partner nicht mitzieht, auch wenn er sich dagegen wehrt. Im Psychologiestudium habe ich gelernt, jeder würde einen Anteil von 50 % an den Partnerschaftsschwierigkeiten tragen. Deshalb müssten sich immer beide verändern. Doch die Erfahrung zeigt: Es reicht zunächst, wenn sich einer bemüht. Das mag anstrengend sein, aber dafür überwinden Sie die Ohnmachtsfalle. Sie müssen sich nur aufraffen – das wäre der Beginn eines neuen Lebens, nicht nur in der Liebe.

Strategie 8: Die eigene Veränderung

Ich möchte Ihnen eine regelrechte Kehrwendung vorschlagen, die Ihr Liebesleben sehr verbessern wird. Man bezeichnet dies auch als kopernikanische Wende und meint damit die Erkenntnis, dass sich die Erde um die Sonne dreht – und nicht umgekehrt. So grundlegend ist der Vorschlag, den ich Ihnen für Ihr Leben unterbreiten möchte. Und damit Sie wirklich dazu bereit sind, werde ich zunächst eine Besinnungspause einlegen und mit Ihnen darüber nachdenken, woran die Liebe normalerweise scheitert. Wir müssen mehr über das Wesen der Liebe verstehen, weil wir sonst mit einem blinden Aktionismus zu viel zerstören können. Schließlich wollen wir mit Verstand, wir wollen wissend die Probleme der Liebe lösen. Und dazu müssen wir erst einmal begreifen, wie schwierig die Aufgabe ist, mit welchen Herausforderungen wir rechnen müssen.

Jeder Bergsteiger wird vor einer Tour den Schwierigkeitsgrad des Berges einschätzen. Erst dann ist er fähig, alles gut vorzubereiten. Und bei der Liebe müssen wir zunächst einmal feststellen: Sie ist eine hochkomplexe Aufgabe. Sie ist die größte Herausforderung unseres Lebens. Das Lieben zu lernen, Enttäuschungen zu überwinden, Krisen zu meistern und immer wieder auf den anderen zuzugehen, ist mit Abstand die anspruchsvollste Lebensaufgabe. Das meinte auch der Dichter Rainer Maria Rilke: »Liebhaben von Mensch zu Mensch: das ist vielleicht das Schwerste, was uns aufgegeben ist ... Darum können junge Menschen, die Anfänger in allem sind, die Liebe noch nicht, sie müssen sie lernen.« Doch wie soll man die Liebe lernen? Erich Fromm gibt hierzu in seinem berühmten Buch »Die Kunst des Liebens« einen wichtigen Hinweis, indem er meint, die Liebe sei eine Kunst. Für eine Kunst müsse man sich lebenslang anstrengen und man brauche dafür Selbstdisziplin, Konzentration und Geduld. Erich Fromm mahnt schließlich: »Jeder Versuch der Liebe (muss) fehlschlagen, solange man sich nicht bemüht, die eigene Gesamtpersönlichkeit zu entwickeln.«

Die Selbständigkeit

Liebe ist also Arbeit, Arbeit an der eigenen Persönlichkeit. Es reicht nicht aus, wenn wir es lernen, geschickt mit dem Partner umzugehen. Letztlich müssen wir den Schwerpunkt des Lebens in uns selbst finden. Wir müssen wegkommen vom »Rumbasteln« am anderen. Denn die Liebe – aber vor allem das Verliebtsein – hat meist eine verhängnisvolle Dynamik. Der andere wird so wichtig für uns, dass wir unser seelisches Gleichgewicht verlieren. Und vor allem Frauen geben meist in der Partnerschaft einen Teil ihrer Selbständigkeit auf, die sie sich im Alleinleben erobert haben.

Doch diese Selbständigkeit werden wir uns nur dann wieder aneignen können, wenn wir die Erwartungen an den Partner reduzieren. Sonst werden wir zu passiv. Um den Schwerpunkt des Lebens wieder in uns zu finden, müssen wir daher zunächst die unrealistischen Erwartungen überwinden, die uns eine falsche Orientierung im Land der Liebe vermitteln. Wir rechnen dann nicht mit Problemen, wir wissen nicht, dass jeder Partner irgendwann schwierig ist. Wir blenden die Schattenseiten seiner

Persönlichkeit aus und sind entsetzt, empört und gekränkt, wenn es die ersten großen Konflikte gibt.

Meist sind wir nach ein, zwei Jahren regelrecht erschüttert, wenn wir erkennen, wie der Partner wirklich ist. »Als ich zum ersten Mal bemerkte, wie wenig mir mein Mann zuhörte, dass er nur mit sich selbst beschäftigt war und sehr wenig bereit war, wirklich auf meine Sorgen, meine Gefühle einzugehen, dachte ich an Trennung. Ich war entsetzt und fragte mich: ›Willst Du wirklich mit ihm eine lebenslange Partnerschaft?‹ Ich zog mich zurück, die Stimmung wurde eisig.« – So die Aussage einer Lehrerin, die seit 10 Jahren verheiratet ist.

Und ihr Partner schrieb mir: »Ich fand meine Frau immer sehr nett, hilfsbereit, liebenswürdig. Aber nach einem Jahr bemerkte ich zunehmend, dass sie wie eine Gouvernante sein kann. Sie behandelt mich manchmal wie ein kleines Kind. ›Mach dies, mach das‹, kommen dann ihre Anweisungen. Es fehlt nur noch, dass es Zeugnisse gibt. Ich zog mich deshalb zunehmend zurück.«

Die Fallgruben der Liebe

Diese gegenseitigen Enttäuschungen sind verhängnisvoll. Wenn wir zu sehr vom Partner desillusioniert oder gekränkt sind, entstehen die Fallgruben der Liebe. Ich will mit diesem Begriff deutlich machen, dass wir wirklich innerlich abstürzen und dann natürlich nicht mehr handlungsfähig sind. Es wäre also sinnvoll, wenn wir von Anfang an realistischer wären.

Aber in der Liebe leben wir immer ein wenig in einer unrealistischen Erwartungshaltung. Wir hoffen, dass uns der andere liebt, dass wir nicht mehr einsam sind, dass wir Anerkennung bekommen und sehnen uns nach Erotik und Sex. In der Liebe leben wir immer etwas in einer Wunschwelt. Ansonsten sind wir im Leben meist sachlich. Wir wissen, dass wir eine Wohnung regelmäßig lüften müssen, damit die Wände nicht schimmeln. Und wenn Schimmel auftritt, forschen wir nach den Ursachen. Doch diese Sachlichkeit ist uns in der Liebe fremd. Daher sind wir schnell enttäuscht und erwarten zu viel.

Wir werden zwangsläufig enttäuscht

Ich habe Sie am Anfang zu einer Phantasiereise aufgefordert, da ich der Ansicht bin, dass Sie von der Liebe viel erwarten sollten. Aber das müssen Sie sich erarbeiten, dazu müssen Sie handlungsfähig sein. Dazu müssen Sie die Illusionen der Liebe überwinden, sonst besteht immer die Gefahr, dass Sie irgendwann völlig ernüchtert sind und sich trennen. Dann scheitern Sie in der Liebe so wie der mythische Held Ikarus, der mit seinem aus Wachs gefertigten Federkleid der Sonne zu nahe kam und ins Meer stürzte.

Der emotionsgeschwängerte Sumpf

Befreien Sie sich also von einer zu großen Erwartungshaltung. Fragen Sie sich eher, was Sie zur Verbesserung der Partnerschaft beitragen können. Es mag absurd klingen: Wenn Sie in der Liebe viel bekommen wollen, müssen Sie selbst großzügig sein. Denn in guten Partnerschaften konzentriert sich jeder auf die Frage: Was kann ich tun, damit der andere glücklich ist. Man ist dann emotional verschwenderisch und rechnet nicht.

In schlechten Partnerschaften wird aufgerechnet. Sie kennen es sicher auch: Sie registrieren genau, ob der andere nach einem Streit auf Sie zukommt. Sie achten sehr darauf, ob er so zärtlich ist wie Sie. Verständlich ist dies schon, doch dadurch geraten wir in eine sehr passive Erwartungshaltung. Und genau diese Haltung können wir verändern. Wir müssen aktiv werden. Indem wir positiv auf den anderen zugehen, verbessern wir die Atmosphäre in der Partnerschaft.

»Doch wie soll das gehen?«, werden Sie sich fragen, »mein Partner war gestern unfreundlich, es gab seit Monaten keinen Sex und ich bin in einem gereizten Zustand, wenn ich ihn sehe.« Das Problem liegt darin, dass wir meist nur reagieren. Wir sehen unsere eigenen Verhaltensweisen immer als Antwort auf den Partner. Deshalb ist es so entscheidend, dass wir eigenständiger werden, um handlungsfähig zu sein. Und es klingt vielleicht verrückt: Wenn wir die Partnerschaft verbessern wollen, müssen wir lernen, so selbständig zu sein, dass wir notfalls allein leben könnten. Dann haben wir den Schwerpunkt des Lebens in uns selbst gefunden. Dann empfinden wir uns als ein Kraftfeld, das in der Lage ist, entschlossen die Partnerschaft zu beeinflussen.

Ändern Sie das System

Tatsächlich bin ich davon überzeugt, dass Sie allein Ihre Beziehung verbessern können. Zwar ist die Mitwirkung des Partners wünschenswert, aber Sie müssen nicht die Flinte ins Korn werfen, wenn dieser mauert. Sie können auch allein Änderungen bewirken. Jede Partnerschaft ist ein Gesamtsystem und wenn Sie sich entwickeln, verändert sich das System der Liebesbeziehung. Wir können uns eine Partnerschaft wie ein Getriebe mit vielen kleinen Zahnrädern vorstellen. Wenn Sie an einem beliebigen Rad drehen, bewegt sich das Getriebe. So ist es auch in einer Partnerschaft. Es ist nicht entscheidend, an welchem Rad wir drehen. Wichtig ist vor allem, dass wieder Leben in die Partnerschaft kommt. Alle Störungen bedeuten, dass ein Stillstand in der Beziehung vorliegt. Diesen Stillstand müssen wir überwinden. Und dann strukturiert sich das Verhältnis der Partner zueinander wieder neu.

Die Partnerschafts-Wippe

Sie kennen das sicher noch vom Spielplatz. Wenn Sie sich nach hinten beugten, sanken Sie mit der Wippe nach unten, der Spielgefährte bewegte sich nach oben. So ist es auch in der Partnerschaft. Ändert sich einer, bewegt sich automatisch der andere. Deshalb wirken meine Empfehlungen auch dann, wenn der Partner nicht mitmacht. Vielleicht klingt das für Sie unglaubwürdig, zu sehr haben Sie sich in den letzten Jahren am Partner abgearbeitet. Es entstand ein Teufelskreis, keiner bekam mehr, was er erhoffte.

Doch es gibt auch einen Engelskreis, bei dem sich positive Entwicklungen verstärken. Dieser Engelskreis entsteht vor allem durch eine faszinierende Stimmung, die unter die Haut geht. Unserer positiven Ausstrahlung kann sich der Partner kaum entziehen. Worte können wir manchmal abwehren, dem Körperkontakt aus dem Weg gehen, doch gegenüber den Stimmungen in der Liebesbeziehung sind wir wehrlos. Wir sind immer offen für die Ausstrahlung des Partners, für seine Lebensfreude, aber auch für seine Verzweiflung. Nach einer gewissen Zeit passen sich Partner daher stimmungsmäßig an. Deshalb ist es so wichtig, dass Sie selbst zufrieden sind. Zahlreiche Untersuchungen zeigen, dass dann auch der andere zufriedener wird.

Diese Angleichung können wir in lebendigen Beziehungen beispielsweise beim Körpergewicht beobachten. Man entwickelt im Laufe der Zeit die gleichen Essgewohnheiten und offenbar auch eine ähnliche Auffassung von Schönheit und Gesundheitsbewusstsein. Solche Angleichungsprozesse können wir uns zunutze machen, wenn wir ein gutes Beispiel für eine lebendige Entwicklung darstellen. Der Partner ist dann gegenüber unseren Stimmungen wehrlos, weil sie so absichtslos sind.

Nun werden Sie zu Recht einwenden, es sei oft nicht leicht, sich selbst in eine bessere Stimmung zu versetzen. Der berufliche Stress nervt, Krankheiten begleiten unser Leben, immer wieder müssen wir Enttäuschungen verarbeiten. Und dann ist auch noch der Partner unfreundlich und geht auf unsere Wünsche nicht ein. Ist dann nicht eine gereizte Stimmung verständlich? Trotzdem sagte meine weise Großmutter, wir seien für unsere Stimmungen selbst verantwortlich. Denn gute Stimmungen sind die Belohnung dafür, dass wir unsere Ziele verwirklichen, dass wir unsere Ängste überwinden, dass wir uns um die Entwicklung unseres Lebens bemühen.

Auch Sie werden ein Stimmungshoch registrieren, wenn Sie sich stärker für Ihr eigenes Leben interessieren. Plötzlich sind Sie nicht mehr so ohnmächtig, der schwierige Partner – über den Sie sich ständig ärgerten – tritt in den Hintergrund. Sie spüren, dass Sie Ihr Leben aktiv steuern können. Und wenn Sie sich in dieser Weise um Ihr Leben kümmern, wird sich die Partnerschaft entspannen, weil Sie dann aufhören, den anderen ummodeln zu wollen. Denn das Entscheidende in einer guten Partnerschaft ist nicht unbedingt, dass etwas passiert. Wichtiger ist es oft, dass etwas nicht passiert: kein Streit, keine schlechte Stimmung, kein Rummeckern.

Schon nach wenigen Tagen stellt sich der Partner auf die entspannte Stimmung ein und ist gleichzeitig elektrisiert, weil er nichts von unserer Strategie ahnt. Er befürchtet nur, dass morgen die gute Stimmung wieder vorbei ist. Wenn er sich dann nach wenigen Tagen daran gewöhnt und sich selbst ändert, sollten Sie nichts sagen. Kommentieren Sie die Entwicklungen des anderen zunächst nicht – nach dem Motto: »Na endlich!« Sagen Sie nicht: »Geht doch!«, wenn der Partner sein Zimmer renoviert hat. Freuen Sie sich einfach darüber und fangen Sie nicht an, die Geschirrspülmaschine umzuräumen, wenn er sie tatsächlich eingeräumt hat.

Allerdings brauchen Sie bei diesem Vorgehen vor allem eines: noch mehr Geduld. Es hilft manchmal bereits nach einer Woche, aber seine tiefen Wirkungen erzielt es oft erst nach mehreren Monaten. Doch leider enthalten unsere Partnerschaftsvorstellungen häufig einen riesigen Fehler. Wir wollen grundlegende Veränderungen, die aber möglichst keine Anstrengungen erfordern und sehr schnell wirken. Das ist eine Illusion. Tiefe Veränderungen dauern immer lange und setzen voraus, dass wir uns selbst bemühen.

Natürlich kann es durchaus schnelle Verbesserungen geben. Es gibt manchmal Verstimmungen in der Partnerschaft, die rasch zu beheben sind. Aber es gibt auch anhaltende Partnerschaftsstörungen. Deshalb gehe ich vor wie ein Arzt, der einen Patienten behandelt, der schlecht laufen kann. Es kann ein Muskelkater sein, eine leichte Verspannung oder eine schwere Erkrankung. Und so gehen wir gemeinsam auch Stufe um Stufe die verschiedenen Probleme einer Liebesbeziehung durch. Für jede Stufe finden wir die geeignete Strategie – bis sich die Partnerschaft bewegt. Ich nenne diese Strategie MEFU – »Meine Entwicklung für uns«. Ihre Entwicklung soll den Partner nicht bedrohen, nicht manipulieren, sie soll die Beziehung schrittweise verbessern. Sie ändern sich für sich – und für den Partner. Das ist Liebe!

Strategie 9: Freundschaften

Beginnen Sie den Prozess der eigenen Veränderung, indem Sie Ihre Freundschaften intensivieren. Das führt immer dazu, dass Sie wieder eine vernünftige Distanz zu Ihrer Partnerschaft bekommen. Alle Streitbeziehungen haben zu wenig Abstand, man reibt sich zu sehr aneinander. Verlagern Sie also ein wenig Ihr soziales und damit auch Ihr emotionales Leben, indem Sie Ihre Freundschaften stärker pflegen. Beherzigen Sie den Ratschlag von Khalil Gibran: »Steht zueinander, aber nicht zu nahe.« Wenn man sich zu nahe ist, spürt man die Schwächen des anderen zu deutlich, sieht aber seine Vorteile nicht mehr. Und man bemüht sich auch nicht mehr umeinander, weil alles so selbstverständlich ist. »Du lässt Dich gehen …«, heißt es in einem Chanson von Charles Aznavour. Deshalb müssen wir den Abstand wieder erhöhen, damit eine neue, eine lebendige Nähe entstehen kann.

Selbst in modernen Partnerschaften gibt es Verschmelzungstendenzen. Deshalb plädiere ich immer für den PFA, den »partnerschaftsfreien Abend«. An diesem Abend sollten Sie etwas allein unternehmen, sich am besten mit Freunden treffen. Auf jeden Fall sollten Sie weggehen, etwas Neues erleben. Alle sozialen Erfahrungen stärken unser Innenleben und dies facht so gut wie immer Liebesgefühle an.

Das Gummibandprinzip

Denn sobald ich mich entferne, entsteht im Partner Sehnsucht – solange noch etwas Liebesglut vorhanden ist. Es entsteht ein soziales Beziehungsvakuum. Dann kommen Sie mit leuchtenden Augen nach Hause und vermitteln wortlos dem Partner, der schon auf Sie wartet: Das Leben ist schön. Diese Botschaft ist oft wichtiger als jedes Streitgespräch. Und Sie erreichen dadurch noch mehr: Sie werden wieder interessant. Denn die Ursache für viele Probleme in der Partnerschaft liegt darin, dass die Beziehung zu langweilig geworden ist, zu wenig spannend, zu hausbacken.

Je eigenständiger Sie werden, desto attraktiver werden Sie für den Partner und das Gummibandprinzip beginnt zu wirken. Das funktioniert vor allem, wenn Sie einige Tage mit Freundinnen/Freunden verreisen. Kaum sind Sie einen Tag weg, ruft er an und fragt, ob Sie gut angekommen sind. Hinter der nüchternen Frage steht die Aussage: Du fehlst mir. Und so ruft er auch am kommenden Tag an und erkundigt sich nach Ihrem Wohlergehen. Das sei schon merkwürdig, beschwerte sich bei mir eine Musikerin, die schon seit 20 Jahren verheiratet ist: »Jahrelang habe ich mit ihm geredet, habe ihn geschüttelt. Nichts passierte. Ich war verzweifelt, bekam Migräne, war ohnmächtig. Und dann tat ich diesen ›Befreiungsschlag‹ und fuhr mit Freundinnen nach Rügen. Nun rief er täglich an«.

Zu viel Vertrautheit lähmt die Liebe

Tatsächlich werden Sie manchmal überrascht sein, wie rasch die Partnerschaft wieder zu atmen beginnt, wenn Sie sich etwas entfernen. Es ist ja fast etwas kränkend. Doch die Liebe braucht immer das Unerwartete, wir müssen die bisherigen Rituale erweitern, damit wieder Begehren wächst. Liebe setzt voraus, dass jeder sein Eigenleben hat, dass sich Überraschendes ereignet. Zu viel Vertrautheit lähmt die Gefühle, dann entsteht im besten Falle eine geschwisterliche Hänsel-und-Gretel-Beziehung. Deshalb ist ein wenig Unsicherheit immer günstig für die Liebe. Wenn sich der Partner völlig sicher ist, wird er respektlos und vernachlässigt die Beziehung. Ein wenig Furcht, den anderen zu verlieren, kann die Liebe daher fördern.

Die eigene soziale Welt

Eine feste Bindung einzugehen und trotzdem das Eigenleben zu behalten, ist das Geheimnis lebendiger Partnerschaften. Diese Beziehungen sind von einer tiefen Verlässlichkeit geprägt, Treue ist wichtig und trotzdem lebt jeder in seiner eigenen sozialen Welt. Dadurch kenne ich den anderen und spüre doch, dass er Geheimnisse hat. Noch nach vielen Jahren entdecken wir im

Partner Seiten, die wir bisher an ihm nicht kannten. Deshalb ist unser Eigenleben, sind insbesondere unsere Freundschaften, so wichtig. Durch sie haben wir ein Seelenleben, das sich mit einem Schloss vergleichen lässt, das viele Zimmer hat. Das macht uns tiefgründig und aufregend für den anderen. Dies ist auch die Erkenntnis der Neurologin Lucy Brown, die den Erfolgsgeheimnissen erfolgreicher Paare auf der Spur ist. Sie traf eines Tages Michelle Jordan und Billy Owens. Er ist Projektmanager, sie ist Kommunikationsexpertin. Vor 20 Jahren hatten sie sich kennengelernt und wurden bald darauf ein Paar. Ihre persönliche Erfolgsformel für eine lebendige Liebe haben sie sich in die Eheringe eingravieren lassen: »Freundschaft & Leidenschaft«.

Die Verbesserung der Freundschaften

Nun sollten Sie aktiv werden, auch wenn Sie schon einige Freundschaften pflegen. Denn in Interviews sagten mir 60 % der Befragten, ihre Beziehungen seien verbesserungswürdig. Aber wie können wir sie verbessern? Es gibt zwar eine Vielzahl von Partnerschaftsbüchern, in denen uns geraten wird, wie man die Liebe intensivieren kann. Das gilt aber auch für Freundschaften: Ziehen Sie einmal Bilanz, denken Sie über Ihre Beziehungen nach und fragen Sie sich: Wie geht es meinen Freunden, wie könnte ich sie unterstützen, was könnten wir gemeinsam unternehmen? Kenne ich die Freunde wirklich?

Meinen besten Freund kannte ich schon über 20 Jahre, als ich spürte, dass ich wenig von seiner Kindheit wusste. Ich verstand ihn oft nicht, konnte seine Entscheidungen nicht nachvollziehen. Dies betraf seine gesamte Lebensgestaltung und ich bat ihn um ein Gespräch. Und dann ging ich mit ihm seine Fotoalben durch und er erzählte mir dazu Geschichten. Nun begriff ich viel mehr von seiner bisherigen Entwicklung und ahnte besser, was ihn bewegt. Mit diesem Freund treffe ich mich jeden Samstag um

13.30 Uhr in einem Berliner Café und wir reden dann über unseren Beruf, unsere Träume und Stimmungen und natürlich auch über die Liebe.

Die Bändigung der Macht

Solche intensiven Freundschaften sind entscheidend dafür, dass Sie sich in der Partnerschaft auf Augenhöhe begegnen. Jeder braucht zusätzlich zur Liebesbeziehung eigene Freundschaften, weil nur dadurch ein Gleichgewicht der Macht möglich ist. Interessengegensätze gibt es in jeder Partnerschaft und es verfügt derjenige stärker über die Macht, der mehr Beziehungen hat. Macht hat derjenige, der sich leichter trennen kann. Wer zu wenige Freundschaften pflegt, ist zu abhängig, zu machtlos und zu ängstlich, wenn es um Konflikte geht. Man kann dann nicht unbekümmert und beherzt Probleme ansprechen. Mutig sind wir nur, wenn die Partnerschaft lediglich ein Teil unseres Lebens ist.

Die Entlastung der Partnerschaften

Außerdem haben Freundschaften den großen Vorteil, dass sie die Liebesbeziehung von zu großen Ansprüchen entlasten. Der Partner muss mir nicht alles bieten. Wenn er nicht tanzen gehen möchte, könnte ich mich auch mit Freunden verabreden. Wenn er lange Radtouren unternehmen will, könnte er sich dazu auch geeignete Freunde suchen. Dadurch sind wir nicht zu abhängig von der Partnerschaft, erfüllen uns eigene Wünsche und sind zufriedener.

Die Suche nach Freundschaften

Allerdings werden Sie feststellen, dass es häufig nicht ausreicht, wenn Sie Ihre Freundschaften intensivieren. Denn unser Freundeskreis ist oft zu klein. Wenn wir in einer verbindlichen Partnerschaft leben, schrumpft die Zahl der Freunde meist im Laufe der Jahre. Erweitern Sie also Ihren Freundeskreis, indem Sie an einem Volkshochschulkurs oder einer Wandergruppe teilnehmen oder sich zu einem Chor anmelden. Und dann sprechen Sie einzelne Menschen an, mit denen Sie gern befreundet wären. Zögern Sie nicht, denn die meisten Menschen sind zu abwartend und hoffen vergeblich auf die Initiative der anderen. Überwinden Sie daher Ihre Hemmungen, indem Sie sich fragen, was Sie anderen zu geben haben. Sie können beispielsweise zuhören, sind verlässlich, können manches interessant erzählen. Insofern ist es für andere Menschen eine Bereicherung, eine Freundschaft mit Ihnen zu beginnen. Und geben Sie nicht auf, wenn dies nicht auf Anhieb gelingt.

Die Suche nach Freundschaften ist wie das Schürfen nach Diamanten. Ich selbst mache meist die Erfahrung, dass sich nur sehr wenige meiner Bekanntschaften zu tiefen Freundschaften entwickeln. Aber die Mühe lohnt sich, denn jede Freundschaft verbessert unsere Liebesbeziehung. Das erlebte auch eine 50-jährige Frau, die seit 15 Jahren verheiratet war. »Mein Mann hielt mich immer hin. Wenn ich etwas unternehmen wollte, hatte er keine Lust. Immer hieß es: ›Mal sehen.‹ Ich rannte ihm buchstäblich hinterher. Er hörte mir kaum zu, ich war ständig gereizt. Und in dieser Situation unternahm ich mehr mit Freundinnen. Ich ging mit ihnen ins Kino, machte mit ihnen auch eine Kurzreise. Und plötzlich war mein Mann wie ausgewechselt und fragte mich, ob wir nicht wieder ins Theater gehen wollten. Plötzlich wollte er mit mir sogar einen Tanzkurs besuchen. Ich erkannte ihn nicht mehr wieder und auch meine Freundinnen wunderten sich.«

Strategie 10: Selbstbewusstsein

Jetzt haben Sie sich einige Wochen intensiver um Ihre Freundschaften gekümmert. Ihr Partner hat hoffentlich etwas mehr

Sehnsucht bekommen. Er hat Sie wieder geküsst und Sie spüren, dass seine Umarmungen erotischer werden. Er wundert sich, dass Sie gut gelaunt nach Hause kommen und Sie merken, dass Sie wieder für ihn interessant werden. Vielleicht sind Sie mit dieser Entwicklung schon zufrieden. Doch es kann auch sein, dass sie Ihnen nicht ausreicht. Denn Sie wissen, dass Sie weit von einer leidenschaftlichen Beziehung entfernt sind. Es gibt noch immer keine Sexualität oder sie ist sehr selten. Grundlegende Wünsche, die Sie ihm mitgeteilt haben, sind nicht in Erfüllung gegangen. Zwar hilft er etwas in der Küche mit, aber es geschieht halbherzig. Nach einer Woche lässt er erneut sein Frühstücksgeschirr stehen und räumt es nicht in die Maschine ein. Und nun spüren Sie deutlich: Er kann, wenn er will, aber offenbar will er meistens nicht. Sie erkennen, dass er sich noch nicht genügend Mühe gibt. Mit Recht sind Sie nun überzeugt, dass Sie der Partner nicht richtig liebt. Er hat jene Wertschätzung verloren, die am Anfang der Liebesbeziehung so selbstverständlich war.

Die normale Enttäuschung

Eine erhebliche Desillusionierung tritt in allen Liebesbeziehungen nach einer gewissen Zeit ein. Die Folgen sind dramatisch, denn unser Partner bemüht sich deshalb so wenig um uns, weil er uns nicht mehr als attraktiv und begehrenswert erlebt. Das kränkt uns und macht uns ohnmächtig. Schließlich erwarten wir natürlich, dass der Partner unser Selbstbewusstsein steigert. Fast immer verfügen wir über ein eher schlechtes Selbstwertgefühl und wünschen uns, dass wir von ihm viel Anerkennung und Zuwendung bekommen. Von ihm wollen wir als etwas Besonderes wahrgenommen werden. Das ist für die meisten Menschen sogar wichtiger als Sexualität.

Doch was wollen Sie machen, wenn Sie vom Partner zu wenig Wertschätzung erhalten? Es mag manchmal hilfreich sein, wenn Sie dann den Partner daran erinnern und ihn auffordern: »Gib mir wieder etwas mehr Anerkennung.« Oder Sie fragen immer wieder: »Hat es Dir geschmeckt?«, wenn er nach dem Essen wortlos aufsteht. Aber das Nachfragen ist doch irgendwie nervig! Sie spüren selbst, dass Sie in eine bedürftige Haltung geraten, die den eigenen Stolz beschädigt. Auf diese Weise werden Sie nicht selbstbewusster. Vielmehr reduziert die tröpfelnde Anerkennung des Partners Ihr Selbstbewusstsein und macht Sie ohnmächtig. Und dieser unsäglichen Ohnmachtshaltung müssen Sie entkommen.

Nun wussten Frauen schon immer, dass Sie dem Partner gelegentlich zeigen müssen, wie begehrenswert Sie sind. Sie gehen zum Friseur, kaufen sich schöne Kleider und verändern Ihr Äußeres. Das ist intelligent, denn nichts fällt so schnell auf wie eine neue Frisur. Doch wenn die Beziehung bereits etwas festgefahren ist, hilft auch dies nicht mehr. Vielmehr müssen Sie dann das Prinzip der Selbstanerkennung beherzigen. Dies bedeutet, dass Sie die eigene Selbstachtung intensivieren und Ihr Selbstbewusstsein steigern. Denn alle Handlungen in der Partnerschaft sind immer von unserem Selbstbewusstsein getragen. Bereits mit unserem Blick, unserer Körperhaltung, unserer Stimme, aber natürlich auch unserer Kommunikation teilen wir dem anderen mit, was wir uns wert sind. Es liegt also an uns, ob wir den Partner von unserem geringen Wert überzeugen oder ihn so faszinieren, dass er uns Bewunderung zollt.

Leider haben die meisten Menschen ein geringes Selbstwertgefühl. Wir haben fast alle einen eher kritischen »inneren Funkverkehr« und kommentieren unsere Handlungen mit abwertenden Bemerkungen. Das ist verhängnisvoll. Denn eine Partnerschaft ist immer eine große Belastungsprobe für unser

Selbstbewusstsein. Wir brauchen bereits bei der Partnerschaftssuche eine gute Selbstachtung. Und wie wichtig das Selbstbewusstsein während einer Partnerschaft ist, haben Wissenschaftler der Universität Houston erforscht: Menschen, deren Selbstwertgefühl stark von der Beziehung abhängt, reagieren schon bei kleinen Anlässen empfindlich, was immer zu Missverständnissen und Streitigkeiten führt.

Deshalb ist es so entscheidend, über eine gute Selbstachtung zu verfügen, die vom Partner unabhängig ist. Doch wie erreicht man ein solches Selbstbewusstsein? In der Kindheit wurden doch die meisten von uns eher kritisiert und nur für überragende Leistungen gelobt. Wie also kann man sein Selbstbewusstsein steigern? Ich will Ihnen einige Hinweise vermitteln:

- Hören Sie auf, sich zu kritisieren, wenn etwas schiefläuft. Nur wer nichts tut, macht keine Fehler.
- Loben Sie sich selbst dafür, dass Sie sich trotz aller Schwierigkeiten weiter bemühen, loben Sie sich für kleine Erfolge. Wandeln Sie den Spruch »Eigenlob stinkt« in »Eigenlob ist wichtig« um.
- Überlegen Sie einmal: Was sind Ihre fünf positivsten Eigenschaften? Und wenn Sie das nicht wissen, fragen Sie Ihre Freunde.

Entwicklungspsychologen sind überzeugt: Das Ich entsteht aus dem Du. Das bedeutet konkret, dass sich unser Selbstbewusstsein aus den vielen anerkennenden Worten anderer Menschen herausbildet. Letztlich ist unsere Selbstachtung das Ergebnis der positiven Spiegelung der Eltern und Mitmenschen. Allerdings bekommen wir im Allgemeinen durch die anderen wenig Anerkennung. Doch selbst wenn wir ein Lob erhalten, machen wir einen verhängnisvollen Fehler: Wir überzeugen den Anerkennenden davon, dass wir des Lobes nicht wert sind, dass das doch alles selbstverständlich sei. Hören Sie damit bitte auf. Lernen Sie, »die Kuh zu melken«. So nenne ich es, wenn Sie anfangen nachzufragen. Wenn man Ihnen ein wenig Anerkennung schenkt, ist es sinnvoll, dass Sie nachhaken: »Wie hast Du das gemeint, ich verstehe das noch nicht richtig? Kannst Du mir ein Beispiel nennen?« Sie werden wahrscheinlich einwenden, das sei »Fishing for Compliments«. Doch dies ist es gerade nicht. Das ständige »Fishing for Compliments« provoziert Anerkennung, indem man sich klein macht und den anderen geradezu zwingt, etwas Positives zu sagen. Doch ich empfehle Ihnen die sehr erwachsene Methode des Nachfragens. Sie ist sehr wichtig, denn Sie wissen nie genau, was der andere wirklich dachte, als er Ihnen sagte: »Du bist so hilfsbereit.« Also fragen Sie nach und dann erfahren Sie, in welchen Situationen er Sie hilfsbereit fand, warum das für ihn so bemerkenswert ist. Auf diese Weise gewinnen Sie ein ganz konkretes Bild Ihrer Hilfsbereitschaft und Ihr Selbstbewusstsein stärkt sich.

Mit dieser Steigerung Ihres Selbstbewusstseins werden Sie unabhängiger vom Lob des Partners. Und gerade deshalb ernten Sie viel mehr Bewunderung. Wenn Sie zu bedürftig sind, bekommen Sie fast immer zu wenig Anerkennung. Frauen, aber auch Männer wollen meist keine Sozialarbeiter sein, sie reagieren oft genervt, wenn wir zu kleinmütig sind.

Also sollten Sie in den kommenden Wochen folgendes Ritual anwenden: Setzen Sie sich abends in Ruhe hin und überlegen Sie: »Was habe ich gut gemacht?« Mir ist völlig klar: Manches ging an diesem Tag schief, einiges hätten Sie vielleicht besser bewältigen können. Aber richten Sie einmal den Blick auf das Positive, das ist jene Nervennahrung, auf die Sie dringend angewiesen sind. Sonst sind Sie seelisch immer unterzuckert und können dem Partner nicht vermitteln, was Sie sich wert sind.

Strategie 11: Konsequent sein

Wenn Sie selbstbewusster geworden sind, haben Sie auch einen klareren Blick für die Partnerschaft gewonnen. Sie spüren deutlicher, was Sie vom anderen verlangen können. Und nun sollten Sie konsequent sein. Reden Sie nicht zu lange. Wenn Ihr Partner abends zu viel Alkohol getrunken hat, verbringen Sie die Nacht auf dem Sofa. Dort können Sie ohnehin besser schlafen, falls Ihr Partner schnarcht und eine Fahne hat. Wenn er immer zu spät kommt, warten Sie höchstens 20 - 30 Minuten – dann entfernen Sie sich. Gehen Sie notfalls allein ins Kino. Hinterlassen Sie ihm einfach einen Zettel: »Bin schon weg!« Das wirkt besser als alles Drängeln und alle Ermahnungen.

Allerdings brauchen Sie jetzt schon wieder Geduld. Wenn Sie jahrelang Eigenheiten des Partners akzeptierten, werden sich diese nicht über Nacht ändern. Gehen Sie also davon aus, dass sich nachhaltige Veränderungen erst nach einiger Zeit erreichen lassen. Und seien Sie nicht allzu verstimmt, wenn er doch immer wieder Socken liegen lässt, mit seinen schmutzigen Schuhen ins Wohnzimmer kommt oder im Stehen pinkelt. Freuen Sie sich über kleine Entwicklungen. Sie sind ein Zeichen dafür, dass sich die Partnerschaft bewegt. Seien Sie zuversichtlich und achten Sie darauf, dass es positive gemeinsame Erlebnisse in der Partnerschaft gibt. Leidenschaftliche Berührungen, aufregende Gespräche und lebendige Erlebnisse sollten immer wichtiger sein als die Aufregung über Ärgernisse. Professionell ausgedrückt: Achten Sie auf eine positive Bilanz der emotionalen Intensität.

Um die Partnerschaft zu ändern, brauchen wir zwar eine affektvolle Entschlossenheit. Sie dürfen und müssen den anderen gelegentlich mit Ihren Kritikpunkten konfrontieren. Das ist wichtig, um die Verkrustungen in der Beziehung zu lockern. Aber eine vertrauensvolle Partnerschaft lebt auch vom Lob, vom Miteinander-Schwingen und von jenen Küssen, die uns zeigen: wir gehören zusammen. Und nun wiederholen Sie die Erfolgskontrolle. Ihre Liebesbeziehung wird sich entwickeln, wenn Sie erforschen, welche Strategie erfolgreich ist, und sich die weniger guten Verhaltensweisen abgewöhnen.

Strategie 12: Die eigene Entwicklung

Inzwischen sind Sie eigenständiger und selbstbewusster geworden, aber Sie werden manchmal noch immer an sich zweifeln und sich fragen: »Worauf soll ich denn stolz sein? Ich schiebe immer alles auf, viele Ziele habe ich nicht verwirklicht!« Wirklich zufrieden sind Sie noch nicht. Und zufrieden sind Sie auch nicht mit der Partnerschaft. Sie hat sich zwar etwas geändert, doch die Beziehung ist weit von der Realisierung jener Phantasiereise entfernt, die ich Ihnen ursprünglich empfohlen habe. Nun wissen Sie, dass es wenig Sinn hat, den Partner erziehen zu wollen.

Impulse 1: Die eigenen Lebensziele

Beginnen Sie daher konsequent mit einer Entwicklungs-Offensive. Überlegen Sie: Was wollten Sie schon immer erreichen? Welche Ziele in der Jugend hatten Sie? Was ist heute wichtig für Sie? Zum Leben gehören Ideale und Aufgaben, die uns faszinieren. Wir müssen manchmal ein aufregendes Leben führen, sollten selbst für unsere eigenen Projekte glühen, wenn wir den Partner begeistern wollen. Das müssen keine riesigen Projekte sein. Nicht jeder kann schreiben wie Goethe, nicht jeder ist ein begnadeter Schriftsteller oder Sportler. Wir alle müssen unsere persönlichen Lebensziele finden, die uns so wichtig sind, dass wir die eigenen Sorgen und die Zeit vergessen. Dann beginnt auch die Partnerschaft zu atmen. Denn wie soll eine aufregende

Liebe entstehen, wenn wir selbst das Gefühl haben, dass jeder Tag gleich ist?

Wir wissen, dass sich Menschen am ehesten in einer abenteuerlichen Situation verlieben. Liebe hat immer das Element einer Spannung. Die größte Gefahr für die Liebe ist die Langeweile. Und das Gefährliche an der Langeweile ist, dass sie schleichend von der Partnerschaft Besitz ergreift. Man merkt nur, dass man sich nicht mehr so gut unterhalten kann, die Erotik wird lauwarm, die Treffen berühren uns nicht mehr. Manche versuchen dann, eine Technik des Abenteuers dagegenzusetzen. Sie schlagen dem Partner vor, Sex in der Telefonzelle zu praktizieren. Oder sie schlafen mit ihm im Wald, weil sie das als aufregend empfinden. Die Spannung in der Partnerschaft kommt dann durch äußere Erlebnisse. Doch wichtiger ist es, dass wir durch unsere Lebensgestaltung Spannung in die Beziehung hineintragen.

Nichts ist aufregender als ein Mensch, der sich wirklich für etwas interessiert, der begeistert ist und uns mit seiner Lebendigkeit ansteckt. Und nichts ist schrecklicher als ein Typ, der uns langweilt. Doch in allen Partnerschaften besteht immer die Gefahr, dass sich etwas Mehltau über die Beziehung legt. Deshalb schrieb auch Kurt Tucholsky: »Die Ehe war zum größten Teile verbrühte Milch und Langeweile. Und darum wird beim Happyend im Film gewöhnlich abgeblendet.«

Aber es gibt lebendige Ehen, in denen sich jeder entwickelt. Die Schauspielerin Julia Roberts meinte einmal: »… mein Mann sorgt dafür, dass es spannend bleibt. Er wird von Tag zu Tag interessanter.« Doch auch bei Julia Roberts spekuliert man über schwere Ehekrisen. Damit wir solche Krisen vermeiden, sollten wir uns zwei Fragen stellen: Bin ich selbst spannend? Was kann ich tun, um lebendiger, tiefgründiger und interessanter zu werden?

Wenn uns das gelingt, wird unser Partner, unsere Partnerin auch noch nach 20 Jahren Seiten an uns entdecken, die für ihn/sie neu sind. Ich schätze ein Gedicht von Mascha Kaleko, in dem es heißt: »In den weisen Büchern habe ich gelesen: Alle sieben Jahre wandelt sich Dein Wesen.« Inwiefern würden Sie sich gern ändern?

Die Aufbruchsstimmung

Häufig sind es nicht riesige Veränderungen, die anstehen. Vielmehr geht es oft darum, dass wir endlich die lange aufgeschobenen Probleme bewältigen. Wie sehr sich dies auf die Stimmung in der Partnerschaft auswirkt, erlebte kürzlich ein Lehrer. Er war schon seit einem Jahrzehnt an einer Schule, an der er resigniert hatte. Der Rektor war seit vielen Monaten krank, die Stimmung in der Schule war schlecht, die Disziplin in der Klasse ließ zu wünschen übrig. Der Lehrer machte nur noch Dienst nach Vorschrift. Doch als er zu einer Reformschule wechselte, an der eigene Ideen erwünscht waren, wirkte er so, als würde er noch einmal neu durchstarten. Nun war er so lebendig und im positiven Sinne erregt, dass er alle damit ansteckte. Seine Frau war plötzlich wieder von ihm begeistert und der Lehrer sagte mir, dass auch die Erotik einen ungeahnten Aufschwung nahm.

Die kleinen Veränderungen

Stellen Sie sich also die Frage: Welche Veränderungen stehen an? Vielleicht haben Sie sich schon lange vorgenommen, mehr Sport zu treiben, einen Kochkurs zu besuchen oder an einem Malkurs teilzunehmen. Bereits diese Aktivitäten beflügeln die Partnerschaft, denn meist sind sie von einer Aufbruchsstimmung geprägt. Dies schildern mir immer wieder Patienten, wenn sie ihre Pläne verwirklichen, dabei neue Menschen kennenlernen und glücklich darüber sind, dass sie sich endlich einen Ruck gegeben haben. Dieser »Ruck« wirkt sich stimmungsmäßig so auf die Partnerschaft aus, als hätte man die Fenster und Türen aufgemacht. Als käme wieder Sonne ins Leben und Bewegung in die Liebe. Denn oft ist das Joggen oder der Kochkurs mit der inneren Entschlossenheit verbunden, sich von alten Ängsten zu verabschieden und bedrückende Probleme zu lösen. Es ist Ausdruck eines Wendepunktes und das beflügelt die Partnerschaft.

Eine meiner Patientinnen sagte mir, nach dem Tod ihres Vaters habe sich ein dunkler Schleier über ihr Leben und ihre Beziehung gelegt. Sie ahnte, dass dies weit über eine verständliche Trauer hinausging. Sie habe kaum noch gelacht, stellte sie in Anwesenheit ihres Mannes fest. Sie spürte, wie sehr die Trauer und Resignation ihr Leben bestimmte. Das wollte sie ändern und beschloss zu joggen. Und mit jedem Schritt eroberte sie sich wieder ihre Welt. Sie entschied sich innerlich dafür, sich stärker um ihr eigenes Leben und ihren Mann zu kümmern. Und die Beziehung – auch die Erotik – lebte wieder auf.

Impulse 2: Das gemeinsame Problem

Wenn wir uns selbst verändern, verbessert sich vor allem unsere Stimmung. Wir sind nicht mehr müde, traurig und gedämpft, sondern heiter, wir haben wieder einen Glanz in unseren Augen. Die Tatsache, dass sich dann die Beziehung zunehmend intensiviert, zeigt, dass offenbar die Stimmung einer der Hauptfaktoren der lebendigen Partnerschaft ist. Daher führt unsere eigene Entwicklung fast zwangsläufig zu einer Verbesserung der Liebesbeziehung. Und dies trifft vor allem bei gemeinsamen Problemen zu. Fast immer gibt es in einer Liebesbeziehung gemeinsame Schwierigkeiten. Das hängt bereits damit zusammen, dass wir uns immer einen Partner suchen, mit dem es grundlegende Übereinstimmungen gibt. Und auf diese Weise ringt man stets auch mit ähnlichen Problemen. Beide sind im Laufe der Jahre zu dick geworden, man treibt nicht genügend Sport, hat zu wenig Freunde, man nimmt sich zu wenig Zeit zum Lesen.

Ändert sich ein Partner, bekommt der andere das Signal, dass eine Entwicklung möglich ist. Fast unweigerlich wirkt dann die Macht des Angleichungsprinzips. Das Vorbild des Partners ist normgebend und beeinflusst unser Verhalten. Nimmt der Partner sehr zu, werden auch wir nachlässig, aber es motiviert uns, wenn er viel Sport macht und auf seine Figur achtet. Das ist offenbar deutlich beim Abnehmen, aber auch beim Aufräumen zu beobachten. Eine Patientin ärgerte sich immer über die Unordnung ihres Mannes, die er als sein gepflegtes Chaos bezeichnete. Jahrelang hielt sie ihm Predigten – ohne Erfolg. Ich riet ihr, sofort damit aufzuhören und sich ein Zimmer im ausgebauten Dachstuhl einzurichten – wo sie ihre eigene Ordnung realisierte.

Auch ihr fiel es schwer, wirklich Ordnung zu halten. Oft blieb etwas liegen, der Schreibtisch wucherte regelrecht zu, Bücherstapel lagen auf dem Fußboden. Für sie war das wie ein Monster, das sie nun bändigen wollte. Jeden Abend räumte sie auf und gelegentlich lud sie ihren Mann zum Teetrinken ein. Und bald stellte er fest, wie wohl er sich in ihrem Zimmer fühlte. Und nach zwei Monaten – sie hatte schon längst die Hoffnung aufgegeben – fing auch er an, seinen Raum aufzuräumen. Eine solche Veränderung hat immer eine Sogwirkung, die vor allem bei dem gemeinsamen Problem eines Paares wirksam wird. Leider neigen wir jedoch fast immer dazu, dass wir den Partner ändern wollen und die eigene Entwicklung vernachlässigen. Ein typisches Beispiel: Eine Frau kam zu mir in die Behandlung und klagte darüber, dass ihr Mann zu viel Alkohol konsumierte. Er trinke am Wochenende jeden Tag vier Flaschen Bier, für sie sei das zu viel, denn sie wollte eine Familie gründen und Kinder bekommen. Doch er wolle nicht zur Suchtberatung mit ihr gehen. Allerdings war nicht zu übersehen, dass sie selbst über einen gesunden Appetit verfügte. Sie hatte einen BMI von über 30 und ich schlug ihr vor, sie solle beginnen abzunehmen. Dann hätte ihr Mann ein Vorbild dafür, dass man Willensstärke haben könne. Es würde ihr stimmungsmäßig besser gehen und sie könne ihren Mann sicher durch dieses Beispiel stärker beeindrucken als durch das ständige Drängeln. Diese Idee fand ich genial, die Patientin aber nicht. Sie zögerte und sagte mir: »Wenn das so schwierig ist, soll er lieber weiter trinken.«

Ich habe Verständnis dafür, dass die Patientin skeptisch reagierte, denn jede Veränderung ist anstrengend. Meist ahnen wir dabei nicht, wie wirkungsvoll unsere Entwicklung sein könnte. Die Beziehung fängt dann an, regelrecht zu vibrieren, weil Sie für den Partner ein Vorbild für die eigene Lebensbewältigung sind. Und nichts ist anziehender in einer Liebesbeziehung als die Tatsache, dass wir vom Partner lernen können.

Die Belebung der Liebe

Solche Entwicklungsimpulse wirken auch, wenn bisher die gesamte Partnerschaft stagnierte. Selbst dann kann man eine massive Beziehungsbelebung beobachten. Dies schilderte auch eine Patientin, die seit Langem den Eindruck hatte, ihre Liebesbeziehung sei buchstäblich versumpft. Oft saß sie mit ihrem Mann und den Nachbarn am Wochenende im Garten, es wurde viel getrunken, die Gespräche drehten sich immer im Kreis. Die Patientin schilderte, sie sei immer lustloser, ihr Mann immer dicker geworden, sie hätten kaum noch etwas unternommen. Schließlich raffte sich meine Patientin dazu auf, mehr Sport zu machen, sie verabredete sich mit Freunden, fuhr Fahrrad. Und plötzlich zog ihr Mann mit: Die Sumpfabende hörten auf, beide wurden wieder aktiver und meine Patientin schilderte: »Es ist unglaublich. Ich habe ja viel gesagt ... aber geholfen hat eigentlich nur, dass ich endlich etwas unternahm. Es war plötzlich so, als hätte ich einen Vorhang aufgezogen – so radikal änderte sich unser Eheleben.«

Sicher sind auch Sie mit einigem in der Partnerschaft unzufrieden. Sicher haben Sie viel kommentiert, eventuell gestritten und nichts hat sich geändert. Deshalb sollten Sie nun überlegen: Könnten Sie ein Vorbild für ihn sein? Könnten Sie mehr Sport machen, gesünder leben, mehr Pausen einplanen?

Impulse 3: Aufschaukelnde Rollenmuster

Nun kann es durchaus sein, dass Sie den bisherigen Ausführungen zustimmen konnten. Auch Sie halten gute Stimmungen in einer Partnerschaft für wichtig. Auch Sie glauben, dass in einer lebendigen Beziehung immer eine starke Entwicklungslust besteht. Aber Ihr Partner ändert sich nicht, obgleich Sie sehr auf Ihre eigene Entwicklung achten. Er hört keineswegs mit dem Rauchen auf (obwohl Sie längst eine überzeugte Nichtraucherin sind), er nimmt immer weiter zu (obgleich Sie erfolgreich eine Diät durchgeführt haben). Und obwohl Sie wunderbar gelaunt sind, eine heitere Stimmung ausstrahlen, ist er ein regelrechter Muffelkopf, der sich oft verstimmt zurückzieht. Was also läuft hier schief? Vielleicht sind Sie mit einem sehr eigensinnigen Menschen zusammen, der schon immer gegen alles kämpfte und nicht im Geringsten daran denkt, sich mit Ihnen zusammen zu entwickeln.

Doch glücklicherweise waren die meisten Partner am Anfang der Beziehung durchaus bereit, auf die Wünsche des anderen einzugehen. Insofern liegt hier eher eine Partnerschaftsproblematik vor. Wenn sich also der Partner von Ihrer Entwicklung nicht anstecken lässt, wenn Ihre gute Stimmung nicht abfärbt, dann ist häufig die emotionale Nähe in der Beziehung grundlegend beschädigt. Daher können Sie sich noch so sehr abstrampeln und sich entwickeln, doch der Partner bleibt davon unbeeindruckt. Solche Beziehungsschäden entstehen vor allem dann, wenn sich die ähnlichen Lebensmuster beider Partner aufschaukeln. Stellen Sie sich vor, dass beide eher unruhig-eigenwillig sind. Jeder Konflikt wird dann ein Drama. Keiner will nachgeben und setzt quasi noch eins drauf. »Keiner konnte dann mal die Sache auf sich beruhen lassen. Jeder musste den anderen kommentieren. Das war immer verletzend, ein wenig Zerfleischung. Ich habe immer erwartet, dass mein Partner irgendwann aufhört, dass er die Klappe hält – wie man das in Berlin so frech sagt. Aber irgendwann habe ich begriffen: Ich muss aufhören. Ich muss schweigen, ich muss lernen, eine Diskussion für beendet zu erklären. Ruhiger werden, Abstand einlegen, vernünftiger sein,… das musste ich lernen. Und seitdem hat sich meine Partnerschaft entscheidend verbessert. Wenn heute wieder so eine brenzlige Situation ist, brennt es mir manchmal auf der Zunge, ihm zu sagen: ›Du hast ja auch‹ … Aber wenn ich gut gelaunt bin, umarme ich ihn und sage nur: ›Ach – Schatz … lass uns in einer Woche weiterstreiten‹ …und dann gehen wir spazieren.« So die Schilderung einer jugendlichen Frau, die eines gelernt hatte: Sie musste aufhören zu streiten, sie musste lernen, die Beziehung friedlicher zu gestalten.

Wenn beide in einer Partnerschaft ähnliche Eigenschaften haben, können sie sich offenbar aufschaukeln. Doch dies ist nicht nur bei jenen Partnerschaften der Fall, die man früher als hysterisch abwertete. Den Prozess des Aufschaukelns können wir auch bei distanzierten Paaren beobachten. Dann reagiert jeweils ein Partner auf den Rückzug des anderen so verunsichert, dass er sich wiederum zurückzieht. Ist der eine kühl, meldet sich der andere erst zwei Tage später, keiner löst die Distanz auf, beide sind weder verbindlich noch nähesuchend.

Aus der Wirtschaft wissen wir, wie wichtig es ist, dass man in Krisen gegensteuert, dass man sogar mehr investiert. Ein Staat kann sich sonst kaputtsparen. Doch dieses emotionale Kaputtsparen gibt es auch in Partnerschaften, wenn beide zu sehr auf Rückzug bedacht sind. Man zieht nicht zusammen, man heiratet nicht, jeder bleibt zu sehr im eigenen Leben verhaftet und es besteht die Gefahr, dass man sich bereits bei kleinen Konflikten trennt. Auch hier muss einer den ersten Schritt tun. Der Klügere muss nachgeben und seine Distanzhaltung aufgeben. Dazu war eine junge Patientin bereit, die sich sonst immer wieder zurückgezogen hatte. Wenn ihr Partner sagte, er habe am Wochenende keine Zeit für sie, ging sie bisher zwei Tage nicht ans Telefon. Aber sie liebte ihn und sagte ihm das eines Tages sehr deutlich. Sie machte ihm das Angebot: »Lass uns damit aufhören. Wir gehören doch zusammen.« Und als er auf ihr emotionales Angebot einging, entschloss sie sich, mit ihm zusammenzuziehen. Ihr war durchaus klar, dass es mit ihm gelegentlich schwierig werden würde. Er war manchmal sperrig und schlecht gelaunt. Aber sie mochte es, dass er ein richtiger Kerl war. Und so nahm sie sich vor: »Ich will mein eigenes Leben führen, ich will Freundschaften pflegen. Ich will lernen, meinen Partner auszuhalten. Ich will ein Gegenüber sein, ich will durchaus meine Meinung sagen, aber ich will eines nicht mehr: die Beziehung innerlich abzubrechen.«

Impulse 4: Die einseitigen Rollenmuster

Doch nicht immer sind es die ähnlichen Rollenmuster, die sich destruktiv auf die Beziehung auswirken. Oft verharren beide in gegensätzlichen Rollenmustern, so dass es zu einer Blockade der lebendigen Paardynamik kommt. In einer intakten Partnerschaft verändern sich die Rollenmuster. Mal ist einer stärker, dann der andere, mal redet sie mehr, dann er, mal beginnt sie in der Sexualität, dann übernimmt er die Initiative. Es ist wichtig für eine

Beziehung, dass die Rollen gelegentlich wechseln. Doch oft haben wir festgelegte Verhaltensmuster:

- Einer ist schüchtern und besteht nicht darauf, dass sich der dominante Partner ändert.
- Man versorgt den anderen, der sich gern bedienen lässt.
- Einer redet viel, während der andere immer zuhört und schweigt.

Ungewöhnlich sind solche einseitigen Rollenmuster nicht. Erst in den letzten Jahrzehnten haben wir den Anspruch einer gleichberechtigten Beziehung. Noch unsere Eltern führten oft Partnerschaften mit festgeschriebenen Verhaltensmustern. Inzwischen haben sich die Rollenmuster zwischen Frauen und Männern sehr geändert. Frauen sind stärker geworden, Männer sind oft eher verunsichert. Aber feste Rollenmuster gibt es trotzdem in den meisten Partnerschaften. Sie sind aber häufig auf den ersten Blick nicht zu erkennen und bestehen immer in einer stillschweigenden Übereinkunft. Jürg Willi hat dies vor einigen Jahrzehnten als Kollusion bezeichnet, das ist das unbewusste Zusammenspiel in einer Liebesbeziehung. Er wies darauf hin, dass beide Partner an solchen Rollenmustern beteiligt sind – ohne es zu wissen!

Besonders gravierend sind solche Muster, wenn ein Partner scheinbar sehr erwachsen, der andere kindlich ist. Das war bei dem berühmten Schriftsteller Arthur Miller der Fall, als er Marilyn Monroe traf. Sie hatte eine schwierige Kindheit hinter sich, suchte einen Vater und war von dem willensstarken Miller beeindruckt. Er wiederum fühlte sich zu der betörenden Frau hingezogen, die so wenig erwachsen wirkte. Diese unterschiedlichen Wünsche prägten die Beziehung. Er nannte sie »mein Kind«, sie sprach ihn mit »mein Papa« an. Insofern war jeder mit diesem Verhaltensmuster scheinbar zufrieden. Doch wir zahlen für die Unlebendigkeit dieser Rollenmuster immer einen hohen

Preis, denn viele Bedürfnisse bleiben auf der Strecke. So war es auch bei Monroe und Miller. Ihre Wünsche nach Beschütztwerden gingen nicht in Erfüllung, ihr Verhalten ging ihm zunehmend auf die Nerven. So blieb jeder letztlich mit seinen Wünschen allein und sie trennten sich.

Kennen Sie selbst das Rollenmuster, dass einer von Ihnen erwachsen und der andere eher schwach ist? Oder sind Ihnen die anderen klassischen Rollenmuster vertraut: Er lässt sich gern bekochen, sie versorgt ihn. Er glänzt in der Öffentlichkeit, sie bewundert ihn. Typisch an diesen Rollenmustern ist, dass ihnen jeder der Partner ursprünglich zugestimmt hat. Sie kochten immer sehr oft und versorgten ihn und Sie hörten ihm anfänglich auch gern zu. Doch irgendwann stören Sie sich an den engen Grenzen dieser Rollenmuster. Sie wollen auch einmal im Mittelpunkt stehen, Sie wollen auch einmal versorgt werden und stellen nun mit Verärgerung fest, dass der Partner auf diese Wünsche nicht eingeht. Und jetzt beginnen Sie, auf ihn einzureden. Sie wollen ihn ändern. Aber Gespräche haben meist keinen Sinn. Dadurch werden die Probleme in ihrer Tiefenschicht nicht beeinflusst. Das wäre so, als würde man versuchen, ein großes Feuer auszupusten.

Ich hatte Ihnen bereits das Beispiel einer attraktiven, tüchtigen Frau geschildert, die ziemlich dominant war. Sie erinnern sich vielleicht: Ihr Vater war Alkoholiker und sehr cholerisch und so konnte sie wenig Vertrauen in andere Menschen erwerben. Oft war sie sehr bestimmend und patzig. Der schüchterne Partner hätte sie gern lieber gehabt, aber darauf reagierte sie nur mit der Bemerkung, sie lasse sich nicht verniedlichen. Der Partner meldete sich schließlich bei mir zur Therapie an und ich sagte ihm: »Hören Sie auf, Ihre Partnerin ändern zu wollen, das schaffen Sie nicht. Ändern Sie sich selbst. Dann werden Sie sich wundern, wie sanftmütig Ihre Frau gelegentlich sein wird.« Tatsächlich änderte sich seine Partnerschaft, als er konfliktfreudiger wurde. Denn dieser Mann lernte, einen Zugang zu seinen Affekten zu bekommen, er wurde mutiger und zog sich nicht mehr ängstlich und verstimmt zurück. Er gab ihr Kontra, wenn sie ihn kritisierte und als er sich nach einem heftigen Streit massiv wehrte, sagte sie ihm fast beglückt: »Endlich.« Und sie schlief spontan mit ihm, es war eine leidenschaftliche, hingebungsvolle Sexualität, die er noch nie erlebt hatte. Sie begrüßte diese Entwicklung, weil ihr seine Stärke half, sich auch mit ihren inneren Schwächen zu versöhnen und sich hingeben zu können. Und er wurde beziehungsvoller, zog sich nicht mehr so gekränkt zurück. Offenbar sind solche Veränderungen möglich, wenn sich vor allem der scheinbar Ängstlichere in der Beziehung selbstbewusster verhält. Dieser Prozess muss letztlich immer von dem Partner/der Partnerin ausgehen, der/die mehr leidet und mehr von dem Wandel profitiert. Dies bedeutet: Der Schwächere muss mutiger werden. Deshalb mein dringender Rat: Versuchen Sie nicht, den Partner, die Partnerin zu erziehen, wenn Sie solche einseitigen Rollenmuster bemerken. Sie müssen selbst den Weg Ihres Lebens finden. Dann verändert sich auch der scheinbar stärkere Teil, der bisher die Liebesbeziehung dominierte.

Die Einseitigkeiten unseres Lebens

Wer in der Beziehung unsicherer ist und sich ohnmächtig fühlt, sollte stärker werden. Denn der Kernkonflikt in jeder Beziehung besteht immer darin, dass ein Partner einseitig über die Gestaltungskraft, der andere über Sozialkompetenz verfügt. Einer ist dann durchgängig bestimmend, der andere ausgleichend. Und solche Machtkonflikte lassen sich nicht durch Reden überwinden. Sie müssen vielmehr selbstbewusster werden und ihre Gestaltungskraft trainieren, indem Sie sich Ihre fehlende Hälfte aneignen. Werden Sie also mutiger, fangen Sie an zu bestimmen, zu widersprechen.

Allerdings werden sich solche Machtstrukturen erst dann ändern, wenn der bisher Unterlegene sehr energisch handelt. Das fällt ihm meist schwer, obgleich er oftmals durchaus lebensstark ist. Ich habe in den letzten Jahren häufig Frauen erlebt, die sehr tüchtig waren, sich aber in der Ehe zu viel gefallen ließen. So ging es auch einer Frau, die sich immer wieder bei ihrem Mann beschwerte, wenn er Wutanfälle hatte. Doch alle Gespräche waren erfolglos und sie ging daher in die innere Emigration und zog sich auch in der Erotik zurück. Doch irgendwann reichte es ihr, sie ging einfach raus, wenn er laut wurde, übernachtete einmal bei einer Freundin, als er nicht aufhören wollte zu streiten. Sie wurde zu einer ebenbürtigen Partnerin und machte ihm sehr klar, dass er sich ändern müsse, sonst würde sie mit ihm nicht alt werden. Nun bestand ein Gleichgewicht der Stärke, vielleicht war sie sogar stärker als er, weil sie notfalls zur Trennung entschlossen war. Nachdem sie alle anderen Strategien angewandt hatte, forderte sie nun eine Wandlung bei ihm ein. »Dies war der richtige Zeitpunkt und ich war sehr klar in meinen Forderungen. Ich wollte nicht mit ihm streiten. Ich sagte ihm ganz einfach: ‚So will ich das nicht mehr haben, ich will friedlicher mit Dir leben'. Und er gab nach, wurde achtungsvoller, respektvoller, vorsichtiger! Ich habe mich 10 Jahre lang zu sehr angepasst.«

Wahrscheinlich werden auch Sie sich eher als sozial empfinden und Ihre Anpassungsbereitschaft als groß einschätzen. Allerdings mache ich immer wieder die Beobachtung, dass die eigene Einschätzung häufig vom Partner nicht geteilt wird. Deshalb möchte ich Ihnen einen Test mit drei Fragen vorschlagen:

- Sie sind sehr müde und Ihr Partner muss sehr früh aufstehen, weil er verreist. Würden Sie ihm um 5.00 Uhr morgens das Frühstück zubereiten – oder schlafen Sie lieber aus?

- Sie sind auf den Partner ziemlich sauer und wollen ihm das sagen. Aber als er nach Hause kommt, ist er erschöpft und empfindlich, weil etwas bei der Arbeit schiefgelaufen ist. Verschieben Sie dann das Konfliktgespräch oder sind Sie der Ansicht, dass Sie damit nicht mehr warten wollen – weil es immer Hindernisse geben wird?
- Sie sind verstimmt, weil es schon lange keine persönlichen Gespräche mehr gab, an den letzten Sex können Sie sich nicht erinnern. Da wünscht sich Ihr Partner eine Rückenmassage. Gehen Sie auf seinen Wunsch ein (mit der Hoffnung, dass daraus mehr entsteht) oder sprechen Sie die verfahrene Situation an und sagen: »Ich erfülle gern Deine Wünsche, wenn Du auch auf meine eingehst!«

Sie ahnen anhand dieser Fragen, dass es in vielen Lebenssituationen scheinbar nur zwei Entscheidungen gibt. Entweder Sie handeln sozial und denken etwas mehr an den anderen, dann kann es Ihnen passieren, dass die eigenen Bedürfnisse nicht in Erfüllung gehen. Oder Sie beherrschen die Eigendrehung und setzen sich durch. Doch es ist möglich, dass wir an uns denken und gleichzeitig die Bedürfnisse des Partners spüren. Aber das setzt voraus, dass Sie sowohl über Gestaltungskraft als auch Sozialkompetenz verfügen. Dann können Sie den Konflikt zwischen Ihren eigenen Bedürfnissen und denen des Partners halbwegs gut lösen. Dann sind wir sowohl großzügig als auch durchsetzungsfähig und das ist die Voraussetzung dafür, dass nicht nur wir selbst glücklich sind, sondern auch unser Partner.

Nähe-Distanz-Konflikt

Besonders schwierig ist allerdings der Ausgleich zwischen unseren und den Interessen des Partners beim Nähe-Distanz-Konflikt. Fast immer will einer mehr Nähe als der andere. Und dieser Konflikt ist nur lösbar, wenn zunächst der Nähesuchende auf die Distanzwünsche des Partners eingeht. Außerdem muss er eine vertrauensvolle Atmosphäre herstellen. Denn paradoxerweise ist der distanzierte Partner oft durchaus anhänglich und sehnt sich nach Nähe. Aber er ist vorsichtig und wenn man ihn zu sehr dominiert und kritisiert, zieht er sich zurück und fühlt sich dadurch sicherer. Seine Distanz ist seine Stärke. Und im Rückzug liegt manchmal tatsächlich eine Macht. Diese Erfahrung machen immer wieder Frauen. Sie erleben, dass ihr dominanter Partner erst dann nachgiebiger wird, wenn sie ihm ihre Zuwendung vorenthalten. Hier beginnt dann ein Machtspiel, das zunächst erfolgreich sein kann. Denn diese Frauen merken: Er ist nett, wenn ich distanziert bin. Aber letztlich ist diese Schlussfolgerung verhängnisvoll, weil dann beide häufig emotional unterzuckert sind. Beide kommen letztlich zu kurz, wenn Konflikte vor allem über die Distanz-Schiene ausgetragen werden.

Dies erkannte auch ein 45-jähriger Mann, der sich immer zurückzog, wenn seine Partnerin wieder wie eine Chefin mit ihm sprach. Er beschwerte sich nachdrücklich über sie – bis ich ihn fragte: »Was können Sie tun, was vermisst Ihre Partnerin?« »Sie will mehr kontinuierliche Nähe!«, antwortete er. Doch als ich ihm vorschlug, er solle auf ihren Wunsch eingehen, war er skeptisch. »Sie weiß immer alles besser. Wenn ich Auto fahre, wenn ich die Wanderkarte lese, ein Hotel aussuche – immer hat sie einen belehrenden Ton.« »Lernen Sie, sich abzugrenzen, ohne dass Sie sich tagelang zurückziehen«, riet ich ihm. Doch genau dies fiel ihm schwer, da er eine dominante Mutter hatte. Erst nach einigen Monaten lernte er, sich schneller zu wehren. Und allmählich wurde sein Rückzug überflüssig und die Beziehung verbesserte sich. Denn auch die dominante Partnerin hatte sich bisher immer ohnmächtig gefühlt, da sie den Eindruck bekam, dem distanzierten Partner hinterherlaufen zu müssen. Daraus entstand ein Unmut, der in vielen Situationen dazu führte, dass sie unfreundlich reagierte. Schließlich entwickelte sich ein verhängnisvoller Teufelskreis. Und diesen Teufelskreis konnte der distanzierte Partner unterbrechen, indem er seinen Rückzug aufgab. Nach einigen Monaten teilte er mir mit: »Ich ziehe mich bei Konflikten nicht mehr so zurück, ich sage mehr, was ich nicht will. Ich schmolle nicht mehr, denn ich spüre, dass ich mit meinem Rückzug der Beziehung schade. Also halte ich stand und bleibe in der Nähe und die Beziehung ist dadurch ruhiger und beständiger geworden.«

Doch nicht nur der distanzierte Partner muss sich ändern. Sie können diesen Konflikt auch auflösen, wenn Sie eher der Nähesuchende sind. Wahrscheinlich haben Sie bereits häufig von Ihrem Partner mehr Nähe eingefordert, indem Sie zum Beispiel äußerten, er solle mehr reden oder im Alltag zärtlicher sein. Das kann jedoch so nicht gelingen. Fragen Sie sich lieber: Wie können Sie Ihren distanzierten Partner zu mehr Nähe verlocken? Sie müssen akzeptieren, dass Sie nicht alles bestimmen können, dass Sie warten müssen, bis der Partner seine Sicherheitszone aufgibt und nun seinerseits um Sie wirbt. Doch was machen Sie, wenn das Abwarten nicht hilft, wenn Sie sich immer ohnmächtiger fühlen? Sie sollten dann nicht in Ihr früheres Verhalten zurückfallen, bestimmend werden und fordern: Du musst mehr Nähe herstellen. Vielmehr sollten Sie sich Odysseus zum Vorbild nehmen. Er ließ sich am Mast festbinden, um nicht dem Gesang der Sirenen zu erliegen. Der aktive Partner muss also seine Bedürfnisse kontrollieren, er muss vor allem eine Nähe mit sich selbst herstellen. Dazu gehört es beispielsweise, eigene Lebensziele zu verwirklichen. Er muss den Mittelpunkt des Lebens in sich selbst finden. Dann empfindet der Partner wieder Sehnsucht und kommt spätestens dann auf Sie zu, wenn er die Angst spürt, Sie zu verlieren. Spätestens dann kippt das Nähe-Distanz-Gleichgewicht. Das war die Erfahrung einer Patientin, die mit einem sehr distanzierten Mann zusammenlebte. Als sie sich in Gedanken bereits mit einer Trennung angefreundet hatte und sich in einem inneren Loslösungsprozess befand, stellte der Partner plötzlich ständig Nähe her. Er klammerte nun fast wie ein ängstlicher Junge und betonte immer wieder, er liebe sie, sie solle ihn nicht verlassen. Beide sind heute noch zusammen.

Versorgungskonflikt

Ein weiterer großer Konfliktbereich betrifft den Haushalt. Ich habe bereits am Anfang dieses Buches beschrieben, dass sich viele Frauen darüber ärgern, dass Männer erheblich weniger im Haushalt aktiv sind. Meist »helfen« die Männer, die Verantwortung bleibt also bei den Frauen. Wir wissen aus skandinavischen Ländern, dass die Ehezufriedenheit erheblich davon abhängt, dass sich die männlichen Partner stärker im Haushalt engagieren. Doch wie soll das gelingen, wenn Männer manchmal nicht einmal einen Handschlag tun?

Eine Ehefrau berichtete, ihr Mann würde sich höchstens ein Stück Käse abschneiden, das sei sein Beitrag zur Hausarbeit. Und er würde immer wieder aufschreiben, was in der Küche fehlt. Es sei selbstverständlich, dass sie einkaufen gehe – obgleich er ein Auto hatte, sie nur ein Fahrrad. Bei diesem Paar war am Anfang der Ehe ein klassischer, ungeschriebener »Vertrag« entstanden, bei dem die Partnerin die gesamte Hausarbeit übernahm. Und sie führte diese Aufgabe fort, obgleich sie inzwischen genauso viel arbeitete wie ihr Mann. Ich riet dieser Ehefrau zunächst einmal, über die eigene Versorgungsmentalität nachzudenken.

Sie hatte jahrelang zu der Verwöhnungshaltung des Mannes beigetragen, weil ihr die eigenen Bedürfnisse des Umsorgtwerdens suspekt waren. Sie hatte in der Kindheit einen sehr cholerischen Vater und eine dominante Mutter. Und so verdrängte sie ihre Bedürfnisse und lebte sie in der Form aus, dass sie ihre Kinder und den Partner versorgte. Dadurch konnte sie ihre persönlichen Wünsche nach Umsorgtsein abarbeiten. Diese Haltung wurde für sie erst dann schwierig, als sie wieder voll berufstätig war und sich nun überfordert fühlte. Und jetzt suchte sie eine Strategie, weil die bisherigen Konfliktgespräche nicht hilfreich waren. Früher reagierte sie wütend (»Du bist ein verwöhntes Muttersöhnchen«) und es änderte sich nichts. Deshalb begann sie darüber nachzudenken, was ihre eigenen seelischen Anteile waren, und wurde geschickter in der Durchsetzung ihrer Interessen. Sehr nachdrücklich und sachlich sagte sie ihrem Mann, dass sie sich eine gerechtere Verteilung im Haushalt wünschte. Dann engagierte sie eine Putzfrau und schließlich erledigte sie nicht mehr alle Hausarbeiten, fuhr sogar mit Freundinnen einmal weg – obgleich die Küche völlig unaufgeräumt war. Sie trat also in einen begrenzten Streik, indem sie jene Arbeiten nicht mehr übernahm, die sie von ihrem Mann erwartete. Früher sprang sie auf, wenn ihr Mann nur das Wort »Durst« aussprach. Wenn er sich hilflos anstellte und ein Glas nicht fand, unterbrach sie sofort jede Arbeit. Nun hatte sie eines gelernt: Es gab ein Zauberwort und das war das innere »Nein«. Sie schimpfte nicht mehr, sie lächelte sogar, indem sie fast lustvoll bestimmte Arbeiten nicht mehr übernahm.

Allerdings half dies nicht sofort, da der Ehemann »intelligent« reagierte. Er kam kaum noch in die Küche und ging zunehmend auswärts essen, weil er nie gelernt hatte, selbst zu kochen. Daraufhin trat die Patientin sehr freundlich in einen Streik: Sie kaufte eine Woche lang nicht ein, redete nochmals ernsthaft mit ihrem Mann, sagte ihm, dass sie überfordert sei. Sie räumte ihm auch nicht mehr hinterher, wenn er sein Frühstücksgeschirr stehen ließ. Sie achtete aber sehr darauf, dass sie ansonsten freundlich war, dass vor allem der Bereich Erotik lebendig blieb. Und gerade dies irritierte ihn. Früher konnte er das Anliegen seiner Frau als »zickig« abwerten, doch nun war er sehr verwundert, als wollte er es nicht glauben, dass sich seine Frau nicht mehr so versorgend verhielt. Er wurde daraufhin zunehmend aktiver, kaufte mehr ein, schleppte die Getränkekisten und machte die Betten.

Die erschöpften Ehefrauen

Solche Veränderungen sind manchmal unglaublich, wenn die Männer jahrzehntelang daran gewöhnt waren, bedient zu werden. Und diese Veränderungen sind dann besonders gravierend, wenn die bisher versorgende Partnerin dazu nicht mehr in der Lage ist. Dann versteht jeder Ehemann, dass es sich hier nicht um ein Spiel, nicht um eine Manipulation handelt, sondern dass es einfach nicht mehr anders geht. Ein Beispiel soll diesen dramatischen Prozess verdeutlichen. Eine berufstätige Ehefrau war durch eine ständige Überbelastung in einen Erschöpfungszustand geraten. Bisher hatte sie immer alles bewältigt und bat nun ihrem Mann, ihr zu helfen. Doch diese Wünsche waren vergeblich. Obwohl sie die Hauptverdienerin war, ließ er sich verwöhnen und konsumierte. Sie war nahe daran, sich zu trennen, weil sie nicht mehr in der Lage war, die alte Rolle wahrzunehmen. Plötzlich war sie nicht mehr perfekt, Einladungen bereitete sie nicht mehr vor, für das Wochenende kaufte sie nichts ein. Und nun bewegte sich ihr Mann. Er fühlte sich nicht mehr gedrängt und kritisiert, sondern spürte, dass er gebraucht wurde. Aus eigener Initiative bewältigte er weitgehend den Haushalt und entlastete seine Frau.

Also liebe Frauen: Verwöhnt die Männer nicht zu sehr! Viele Frauen ärgern sich zu Recht, dass die Männer das Klo nicht putzen, nicht kochen und die Küche als Schlachtfeld hinterlassen. Aber unterstützen Frauen nicht diese Bequemlichkeit, indem sie Männer zu wenig fordern? Wenn Frauen verreisen, wird das Essen für ihren Mann vorgekocht – damit er nicht verhungert.

Reduzieren Sie also Ihre Hausarbeit und fordern Sie die Männer – Ihre Liebesbeziehung wird sehr davon profitieren.

Die Gesamtentwicklung

Inzwischen gibt es hoffentlich in Ihrer Partnerschaft wieder mehr Momente vertrauter Nähe. Ihr Partner spült sogar das Geschirr und geht einkaufen. Diese Veränderung verdanken Sie Ihrer stetigen Bemühung: Ihr Selbstbewusstsein ist gestiegen, Sie empfinden deutlich Ihre Bedürfnisse. Sie haben vielleicht sogar eine Therapie begonnen. Sie spüren, wie sehr Ihr eigenes Leben an Fahrt gewinnt. Eine gute Bekannte sagte mir einmal, nachdem sie Schritt für Schritt das MEFU-Programm (Meine Entwicklung für uns) angewendet hatte: »Ich merke, wie ich wachse, man kann es richtig hören.« Diese Entwicklung ist der stärkste Motor für die Veränderung Ihrer Partnerschaft. Sie eilen jetzt Ihrem Partner voraus.

Diese eigene Veränderung ist wichtig, denn am Beginn der Liebe besteht immer ein Defizit im Entwicklungsniveau beider Partner. Das klingt erstaunlich, denn oft ist einer wesentlich aktiver, wesentlich erwachsener als der andere. Und dennoch muss es einen Punkt der Entwicklung geben, der bei beiden gleich ist. Sonst hätten sie die Partnerschaft nicht begonnen. Und gleich ist immer der Lebensmut beider Partner zum Beginn der Beziehung. Lebensmut zeigt sich vor allem in der Fähigkeit, sich zu verändern. Und dieser Lebensmut ist erfahrungsgemäß bei beiden Partnern eingeschränkt. An einem ganz konkreten Punkt gibt es einen gemeinsamen Entwicklungs-Stillstand:

- Beide sind nicht wirklich fähig, über Konflikte zu sprechen. Er schweigt, sie ist immer vorwurfsvoll.
- Beide sind zu wenig selbstbewusst. Er braucht immer ihre Bestätigung, sie traut sich nichts zu.

- Beide haben Schwierigkeiten im Bereich der Nähe. Sie ist immer anhänglich und kann nicht zeigen, was sie will. Er kann es auch nicht sagen und ist ein »Flüchter«.

Beide Partner haben also in ihrer Beziehungskompetenz einen Punkt der Stagnation. Sie sind nur begrenzt in der Lage, aus Situationen zu lernen und sich neue Verhaltensweisen anzueignen. Mutig wäre es daher, wenn jeder versuchte, seine eigenen Grenzen zu überschreiten. Allerdings reicht es meist nicht aus, wenn wir uns nur in der Partnerschaft ändern. Das führt vor allem dann zu einem hohen Konfliktpotential, wenn sich ein Partner plötzlich mehr durchsetzt und an sich denkt. Dann knirscht es gewaltig in der Beziehung und es ist geschickt, wenn sich unsere Persönlichkeitsentwicklung auch außerhalb der Partnerschaft abspielt. Richten Sie Ihre Energie daher vor allem auf den beruflichen Bereich. Das stärkt Sie langfristig und Sie lernen, mit Konflikten und Begrenzungen umzugehen. Durch diese Entwicklung verändert sich fast immer die Liebesbeziehung. Das ist das Prinzip der indirekten Veränderung, das ich Ihnen ans Herz legen möchte.

Impulse 5: Die Ergänzungseigenschaften

Kümmern Sie sich also um die eigene Entwicklung! Achten Sie auf die wichtigen Impulse des Lebens. Wir spüren alle in vielen Lebensbereichen die Aufforderung, unsere seelischen Grenzen zu überwinden. Diese Signale des Lebens müssen wir ernst nehmen und von ihnen lernen. Ständig signalisiert uns beispielsweise unser Körper, wo wir falsch leben und uns zu wenig um uns kümmern. Kopfschmerzen, Schlafstörungen und Schwächezustände sind solche Botschaften. Gleichzeitig erleben wir viele Situationen, in denen wir zu schüchtern, zu mutlos sind. Wir spüren, dass wir uns nicht genügend wehren, dass wir die eigenen Fähigkeiten nicht ausreichend entfalten. Wir wissen, dass wir zu oft in alten Verhaltensmustern steckenbleiben. Doch nicht immer verstehen wir unsere Körpersignale. Nicht immer deuten wir die Situationen richtig, aus denen wir lernen könnten. Dann sollten wir uns fragen: Was können wir besonders gut und was sind unsere Ergänzungseigenschaften? Das sind jene Eigenschaften, die eine Ergänzung zu unseren Stärken darstellen. Der sehr zuverlässige Mann müsste dann lernen, auch das Risiko eines waghalsigen, leidenschaftlichen Lebens zu wagen und nicht alles zu kontrollieren. Die sehr lebendige, temperamentvolle Frau müsste lernen, auch einmal stillzuhalten und die Ruhe zu genießen. Das war auch die Überzeugung von C. G. Jung. Nachdrücklich wies er darauf hin, dass wir in der zweiten Lebenshälfte vor der Aufgabe stehen, die Einseitigkeiten der ersten Lebenshälfte auszugleichen.

Wenn Sie sich diese Ergänzungseigenschaften aneignen, macht Ihre Partnerschaft einen Entwicklungssprung. Das erlebte auch eine Bekannte von mir, die immer sehr anhänglich und sehr nähebedürftig war. Es fiel ihr schwer, sich um sich selbst zu kümmern, und ärgerte sich oft über ihren distanzierten Partner. Dies änderte sich erst, als sie es schaffte, mehr auf sich zu achten. »Stillhalten und für mich selbst sein« waren ihre Zauberworte. Sie besuchte einen Kurs, in dem sie das autogene Training erlernte, um ihre Spannungsgefühle zu überwinden. Und dann erfüllte sie sich einen Wunsch: Sie schrieb eine Kurzgeschichte. Sie nahm an einer Schreibwerkstatt teil und notierte jeden Tag einige Gedanken. »Ich für mich« war ihr Wahlspruch. Manchmal machte sie sogar die Tür zu ihrem Zimmer zu, um in Ruhe schreiben zu können. Und plötzlich warb ihr Partner stärker um sie und montierte wieder jenen zweiten Sitz auf das Motorrad, den er vor einigen Jahren entfernt hatte.

Allerdings fiel es dieser Bekannten nicht leicht, sich mehr um sich zu kümmern. Sie zögerte damit einige Jahre und war immer der Meinung, eigentlich müsse sich doch ihr Partner mehr bemühen. Sie schreckte auch deshalb vor der eigenen Veränderung zurück, weil ihr die notwendigen Schritte als riesig erschienen. Sie wusste, dass sie in der Partnerschaft klammerte, dass ihr die Eigendrehung fehlte. Aber sie ahnte nicht, dass es oft sehr kleine, konkrete Schritte sind, die zu einer langfristigen Entwicklung führen. »Ich dachte immer, dass ich was tun muss, aber es fehlte mir die konkrete Idee. Mir fehlte der Anfang. Als ich jedoch etwas über die Schreibwerkstatt gelesen hatte, war alles ganz einfach.«

Tatsächlich bringt uns jeder kleine Schritt unserem Ziel näher, wenn wir die Vision eines erfüllten Lebens haben. Wichtig ist nur, dass wir uns fortwährend in einem Lernprozess befinden. Und glücklicherweise lässt sich diese Lernfähigkeit steigern, wenn wir Ängste überwinden und durch Vorbilder angeregt werden.

Mir geht es dabei weniger darum, dass wir eine Sprache lernen oder an einem Malkurs teilnehmen. Mir geht es stärker um die damit verbundenen inneren Prozesse. Mich hat als junger Mann ein Freund fasziniert, der trotz aller Ängste immer wieder Vorträge hielt und sich zu einem begabten Redner entwickelte. Mich hat es beeindruckt, dass eine junge Frau die Hoffnung auf eine Partnerschaft nie aufgab, obwohl sie im Rollstuhl saß. Solche Menschen regten mich an, ihre Neugierde am Leben war größer als ihre Ängste. Sie vermittelten mir eine Lust am persönlichen Lernen. Denn diese Freude ist es, die wir wiedererlangen wollen. Dies ist die wichtigste Grundlage für die Liebe und wenn Sie mit Ihrer Lebensentfaltung vorauseilen, motivieren Sie auch Ihren Partner. Sie verändern dann nicht nur die Paardynamik, Sie bringen auch einen großen Schwung ins Liebesleben. Denn der persönliche Wandel ist ansteckend und führt fast immer dazu, dass auch der Partner an der Überwindung seiner seelischen

Grenzen arbeitet. Schließlich zahlt er selbst einen hohen Preis für die Stagnation seines Lebens. Er gewinnt also viel, wenn er sich entfaltet, und Sie profitieren davon, weil dadurch eine unendliche Bewegung in die Partnerschaft kommt.

Impulse 6: Die vier großen Bereiche des Lebens

Sie haben jetzt begonnen, Ihre Ergänzungseigenschaften zu entwickeln. Ihr Leben ist runder geworden, weil Sie sich allmählich die »fehlende Hälfte« aneignen. Das stärkt Ihre Selbständigkeit, denn üblicherweise suchen wir unsere fehlende Hälfte im anderen. Insofern verändert es sehr nachhaltig die Partnerschaft, wenn wir uns mehr auf die eigene Entfaltung konzentrieren. Die Partnerschaft beginnt dann wieder zu atmen. Wir sind weniger angespannt, nerven den Partner nicht mehr und sind glücklich über unsere Erfolge. Dies setzt große Energien in uns frei, die wir nun noch entschlossener in die Bewältigung unseres Lebens investieren wollen. Die Erweiterung unseres einseitigen Lebens war gleichsam die erste Stufe unserer Entwicklung. Doch nun wollen wir mutig die Hauptrakete unseres Daseins zünden. Sie besteht in der umfassenden Entfaltung aller Fähigkeiten, die uns zur Verfügung stehen. Prüfen Sie doch einmal selbst anhand der folgenden Fragen, wo Sie noch einen Entwicklungsbedarf haben:

- Geltung und Selbstvertrauen: Wie würde es Ihnen gehen, wenn Sie vor 30 Menschen einen Vortrag halten?
- Nähe und Distanz: Halten Sie es für möglich, in einer Wohngemeinschaft zu leben? Oder könnten Sie zwei Monate allein auf einem Leuchtturm zubringen?
- Selbständigkeit: Können Sie sich vorstellen, dass Sie zu Fuß allein 14 Tage auf einem Pilgerweg wandern?
- Durchsetzungsvermögen: Wie würden Sie reagieren, wenn Ihr Chef in einem Gespräch sagt, Sie würden Unsinn reden?

Dieser Test zeigt Ihnen, wo Ihr bisher ungenutztes Potential liegt. Sie müssen natürlich keinen Vortrag halten oder auf einem Leuchtturm leben. Aber Sie werden deutlich merken, wo Sie sich noch entwickeln könnten. Und Sie werden dann spüren, wie Sie an Grenzen stoßen, Ängste überwinden müssen und kleine Erfolge haben. Setzen Sie sich realistische Ziele und gehen Sie Schritt für Schritt. Es soll kein preußisches Lernprogramm sein, es soll Ihnen Spaß machen, es soll Ihnen dabei gut gehen. Zwei Beispiele:

Eine Patientin bemerkte, dass sie immer die Wünsche anderer erfüllte, dass sie selbst zu kurz kam. Und sie nahm sich vor, jeden Abend zu überlegen: Was will ich? Sie grenzte sich mehr ab, wenn ihr Chef kurz vor dem Feierabend noch einen Brief diktieren wollte, wurde selbstbewusster und empfand nun eine ungeahnte Lebensfreude – und ihr Mann wurde sehr aufmerksam. Plötzlich bekam die Patientin jene Anerkennung, die sie sich immer gewünscht hatte.

Eine andere Patientin, die immer ein wenig schüchtern war, erfüllte sich ihren Lebenstraum und erwanderte den Jakobsweg. Sie hatte ein wenig Angst davor, weil es ihr immer schwerfiel, auf andere Menschen zuzugehen. Doch die Wanderung wurde zu einem positiven Erlebnis und veränderte sie. Sie lernte in kurzer Zeit viele Menschen kennen und freundete sich mit ihnen an, so dass sie erfüllt nach Hause fuhr. Sie spürte plötzlich in sich eine Lebendigkeit, eine Leidenschaft, die auch ihre Ehe sehr verbesserte.

Sie werden Ihren eigenen Weg finden und nach einigen Wochen und Monaten werden Sie feststellen, dass sich allmählich Ihr Leben verändert, dass sich Ihre Persönlichkeit erweitert. Eine junge Musikerin hat dies genau so geträumt, als sie zu mir in die Therapie kam. »Ich spiele gern Orgel und in meinem Traum kam ein Orgelbauer, der das Instrument völlig auseinandernahm. Pfeife für Pfeife wurde entfernt, dann repariert und manches ergänzt. Ich war sehr unruhig, ich wusste nicht, wohin das alles geht, ob es glückt. Und ich war doch sehr erstaunt und erleichtert, als am Ende wieder alles wunderbar tönte.« Ich war der Patientin dankbar für diesen Traum, denn er zeigte, dass sie den Mut zu einer wirklichen Veränderung hatte. Und Sie ahnen sicher, dass es bei dieser Patientin heftige, sehr positive Entwicklungen im Bereich der Partnerschaft gab.

Impulse 7: Die innere Mitte

Sie haben sich in den letzten Monaten vieles erobert, Sie haben vieles bewegt, waren mutig und Ihr Leben hat sich sehr erweitert. Nun sollten Sie eine innere Reise wagen. Nehmen Sie sich einige Stunden oder sogar einige Tage Zeit, damit Sie sich selbst begegnen können. Kommen Sie zur Ruhe, spüren Sie Ihren Körper, lassen Sie Ihre Gedanken schweifen, achten Sie auf Ihre Gefühle, horchen Sie in sich hinein, erahnen Sie den Sinn Ihrer Träume. Dann finden Sie Ihre innere Mitte und dies ist die größte Kraftquelle Ihres Lebens. Jetzt haben Sie eine Partnerschaft mit sich selbst begonnen.

Wenn Sie sich so umfassend verändern, werden Sie Ihren Partner auf eine neue Weise sehen. Sie werden erheblich entschlossener im Austragen von Konflikten. Sie können Wünsche viel klarer äußern, nachdem Sie die Nähe zu sich selbst gefunden haben. Und Sie werden vielleicht sogar mit Verwunderung feststellen, dass Ihr Partner inzwischen so verliebt ist, wie am Beginn Ihrer Beziehung. Ihre Lebendigkeit fasziniert zwangsläufig den Partner so sehr, dass er Sie bewundert. Besser gesagt: Er liebt Sie, weil Sie den Mut haben, die Ganzheit Ihres Lebens zu suchen. Wie sagte schon Platon: »Liebe ist die Sehnsucht nach der Ganzheit, und das Streben nach der Ganzheit wird Liebe genannt.«

Die Entwicklungsbremsen

Nun ist es wahrscheinlich, dass Sie bei diesem Entwicklungsprogramm auf zwei Grenzen stoßen: auf die eigenen und die des Partners. Lassen Sie uns zunächst die bewährte Strategie fortsetzen – indem Sie über Ihre eigenen Schwierigkeiten nachdenken. Dann sind Sie auch verständnisvoller, wenn der Partner mit seinen Entwicklungsschritten zögert.

Oft werden Sie – obwohl sich die Beziehung positiv verändert – Entwicklungsbremsen spüren, die Sie behindern. Plötzlich werden Sie unsicher, Sie bekommen Angst, dass sich Ihr Partner trennen könnte. Das sind innere Stoppsignale, die damit zusammenhängen, dass Ihre bisherige Anpassungsbereitschaft sehr sinnvoll war. Ihr früheres Verhalten hat immer eine Entstehungsgeschichte, die Sie verstehen müssen. Sie haben sich als Kind abgelehnt gefühlt, Sie bekamen zu wenig Liebe und Aufmerksamkeit und mussten sich deshalb anpassen, um genügend Fürsorge zu bekommen. Diese Anpassungsbereitschaft müssen Sie jetzt überwinden. Doch dies gelingt nur, wenn Sie sich auch an Ihre Kindheit erinnern. Erst dann werden Sie begreifen, warum Sie plötzlich so unruhig werden, wenn Sie sich in der Partnerschaft stärker durchsetzen.

Vielleicht erkennen Sie sich in folgendem Beispiel wieder: Eine 54-jährige Patientin hatte einen sehr kranken Vater und eine seelisch eher instabile Mutter. Sie war die älteste Tochter und war es gewohnt, sich innerlich auf beide einzustellen. Dem Vater nahm sie jede körperliche Arbeit ab, der schwierigen Mutter ging sie meist aus dem Weg. Immer stellte sie sich auf ihre Eltern ein, nie wagte sie es, eigene Ansprüche zu formulieren. Ihre Sozialkompetenz machte sie später zum Beruf: Sie wurde Physiotherapeutin und war immer bei Männern sehr beliebt, weil sie so fürsorglich und achtsam war. Sie hatte eine Zeitlang überlegt, ob sie in ein Kloster gehen sollte. Die weltliche Auseinandersetzung war ihr fremd. Sie wusste eigentlich nie genau, was sie wollte, eine Eigendrehung kannte sie kaum. Sie ärgerte sich zwar, dass ihr Partner so viel bestimmte. Er war oft rücksichtslos, vielleicht auch einfach gedankenlos. Kurzum: Er war egoistisch, dachte nur an sich und letztlich war ihr klar, dass er ihre perfekte Ergänzung darstellte. Er buchte die Urlaubsreisen, er kaufte die Theaterkarten und wenn er sie flüchtig nach ihren Wünschen fragte, sagte sie meist ausweichend: »Weiß nicht.« Oft war ihr dabei unbehaglich, aber trotzdem war es sehr schwierig für sie, sich zu ändern. Denn sobald sie sich gegen ihren Mann auflehnte, hatte sie Angst, sie könne zu heftig geworden sein.

Ihre Verwirrung und Orientierungslosigkeit wurde erst geringer, als sie erkannte, in welcher kindlichen Notsituation ihre große Anpassungsfähigkeit entstanden war. Sie erinnerte sich an viele Ereignisse, in denen sie nie an sich denken durfte, in denen sie immer auf eigene Wünsche verzichtete. Schließlich wurde ihr deutlich, dass sie in diese soziale Rolle hineingepresst worden war – wie sie es einmal nannte. Und jetzt begann sie sehr vorsichtig, etwas mutiger zu reagieren. Sie äußerte Wünsche, übte gelegentlich Kritik, formulierte viel deutlicher ihre eigene Meinung und begann, sich dabei wohl zu fühlen. Und nun nahm sie ihr Partner ernst, zunehmend wurde er achtungsvoller. Er fing an, sie als Persönlichkeit wahrzunehmen, vielleicht fing er erst jetzt an, sie wirklich zu lieben.

Holen Sie sich Hilfe

Doch manchmal werden Sie auch auf innere Widerstände stoßen, die Sie kaum überwinden können. Dann wäre es sinnvoll, wenn Sie sich die Unterstützung von Freunden oder durch eine Psychotherapie suchen. Denn massive Entwicklungsbremsen sind ein Selbstschutz und lösen sich nur dann auf, wenn wir genügende Unterstützung erfahren. Stellen Sie sich einmal vor, Sie würden in einem Fachwerkhaus den Hauptbalken entfernen, um den Grundriss verändern zu können. Der Statiker würde natürlich sofort einschreiten. Es gefährdet auch unsere innere Statik, wenn wir mit der emotionalen Erinnerungsarbeit beginnen. Dann spüren wir wieder unsere Ängste, unsere Einsamkeit, auch unsere Verzweiflung, die wir in der Kindheit erlebten. Es reicht ja nicht aus, dass wir viel über unsere Kindheit wissen. Wir müssen uns vielmehr in die Rolle des kleinen Kindes hineinversetzen und die alten heftigen Gefühle aushalten. Deshalb sollten Sie den Mut zu einer Erinnerungsreise aufbringen: Wie ging es Ihnen als Kind, wie erlebten Sie die Eltern, die Geschwister, was waren die schönen, was waren die tragischen Momente Ihrer Kindheit? Können Sie spüren, wie traurig und verängstigt Sie manchmal waren? Wie verzweifelt, einsam und mutlos?

Doch diese Kindheitsgefühle ertragen Sie nur, wenn Sie gleichzeitig einen Weg finden, um stärker und glücklicher zu werden. Sonst knicken wir immer wieder ein und wagen die Veränderung in der Partnerschaft nicht.

Ich will dies an einem kurzen Beispiel schildern: Ein sehr entfernter Verwandter von mir war Flüchtlingskind, er erlebte schon als kleiner Junge, dass er nicht willkommen war. Immer wieder wurde er gekränkt, ihm wurde offen gesagt, er gehöre nicht dazu. Und so wurde er lebenslang ein Flüchter, er wurde ein Sehnsuchtstyp, der sich nirgends verwurzelte. Er reiste viel durch die Welt, war sehr neugierig, das Sesshafte war ihm fremd. Dadurch verdiente er allerdings zu wenig Geld. Nun wohnt er mit einer Partnerin zusammen, von der er sehr abhängig ist. Sie hat Geld und ist sehr bestimmend. Er ärgert sich mitunter sehr über sie und als er jünger war, ging er ständig fremd. Doch das traut er sich inzwischen nicht mehr und hat gegenüber seiner Partnerin resigniert. Er hätte vielleicht seine Liebesbeziehung ändern können, wenn er selbst tüchtiger und bodenständiger geworden wäre. Doch dieser Weg war ihm durch seine Kindheit versperrt. Nie wagte er es, sich mit seiner traurigen Vergangenheit auseinanderzusetzen, denn er war nicht in der Lage, seine eigenen Defizite zu erkennen. So verschenkte er seine Möglichkeiten. Nur einmal verlor er mir gegenüber die Kontrolle, als wir beide eine Flasche Wein geleert hatten. »Ich bin immer vor mir selbst davongerannt. Leider habe ich mich meiner Kindheit, meiner Vergangenheit nicht gestellt. Das nehme ich mit ins Grab«, sagte er mir sehr erschüttert.

Als ich ihn eine Woche später darauf ansprach, war er ausweichend. Er war lustig wie immer, ein netter Kerl, dem man nicht ansah, dass er innere Unsicherheiten überspielte. Manchmal sehe ich ihn mit seiner Frau auf einer Einladung. Sie sagt ihm, wann sie gehen müssen, sie moniert, wenn er zu viel isst (»Du wolltest doch abnehmen«), sie kommentiert, wenn er Witze erzählt (»Diesen Witz kennen doch schon alle«). Ihn ärgern diese Hinweise in der Öffentlichkeit, aber er zieht keine Konsequenzen. Seine eigene Rente reicht nicht aus, er ist von ihr abhängig. Und offensichtlich hat er Angst, über sein Leben nachzudenken. Eine Unterstützung durch eine Psychotherapie lehnt er ab. Und so wirkt er auf mich wie ein Mensch, der den Schlüssel zu seiner inneren Schatzkammer weggeworfen hat. Denn das Wichtigste für die Gestaltung der Liebe ist: Wir müssen uns selbst finden, dann können wir auch die Partnerschaft verändern.

Aber vielleicht glauben Sie nicht, dass sich Ihre Partnerschaft verbessern lässt, Ihre Ehe stagniert schon seit Jahren und Ihre Entwicklungsbremsen spüren Sie nicht. Dann lesen Sie bitte den Roman »Die unwahrscheinliche Pilgerreise des Harold Fry« von

Rachel Joyce. Die Ehe eines Mannes ist völlig am Ende: Es gibt keine Gespräche mehr, keine Anerkennung, keine Zärtlichkeiten, keinen Sex. Da macht sich der Ehemann auf den Weg. Eigentlich will er nur zum Briefkasten laufen, um ein Schreiben an eine frühere Kollegin einzuwerfen, die im Sterben liegt. Doch dann läuft er weiter. Es regnet und stürmt und er meditiert und denkt über sein Leben nach und verändert sich. Er läuft 1000 Kilometer zu Fuß und am Ende seiner Reise fährt ihm seine Frau entgegen und beide sind bereit für einen Neubeginn.

Eher selten habe ich bisher erlebt, dass durch den Wandel eines Partners das Band der Nähe gerissen ist, so dass es zu einer Trennung kam. Dann ließ sich der andere von der Entwicklung nicht mitreißen, weil er in seiner Bequemlichkeit, seiner Gefühlsabwehr, seinem Rückzug verharrte. Doch eine solche Trennung haben meine Patienten nie bedauert. Sie hatten vielmehr den Eindruck, dass dies überfällig war, weil sie sich mittlerweile in einer anderen Welt bewegten.

Strategie 13: Der aufregende Sex

Sie werden inzwischen merken, dass nicht nur Ihr eigenes Leben sehr schwungvoll verläuft. Zwar stoßen Sie immer wieder an Grenzen, aber Sie verfolgen hartnäckig Ihre Ziele und das beeinflusst auch Ihre Partnerschaft. Ihre Beziehung fängt wieder an zu leben und dies ist der richtige Zeitpunkt, an dem Sie auch über die Sexualität nachdenken sollten.

Spüren Sie Ihre sexuellen Wünsche? Welche dieser Wünsche gehen in Erfüllung, welche nicht? Sicher sind Sie damit unzufrieden, dass Ihre Sexualität manchmal nicht gerade sehr leidenschaftlich ist. Natürlich wissen Sie, dass das Begehren nach der anfänglich großen Leidenschaft zurückgeht. Es ist auch normal, wenn im Laufe der Beziehung immer wieder Pausen in der Sexualität entstehen. Wenn man über zehn Jahre zusammen ist, haben die Paare durchschnittlich nur noch alle zehn Tage miteinander Sex. Aber dass die Sexualität fast vollständig erlischt, ist nicht normal. Das Erlöschen der Sexualität ist oft ein Zeichen für eine Entfremdung in der Ehe. Nun sagten nach einer Gewis-Umfrage im Jahre 2010 immerhin 13 % aller Männer und Frauen, dass sie ihren Partner lieben, obgleich im Bett seit mindestens zwei Jahren nichts mehr läuft. Die Deutsche Presse-Agentur kommentierte diese Studie mit dem Satz: »Das muss wahre Liebe sein.« Doch nicht selten ist das Ende der Sexualität auch das Ende der Intimität. Schließlich geht man der intimen Nähe aus dem Weg und dies bedeutet immer, dass der Kern der Liebe bedroht ist.

Die Emotionsdämpfer

Doch warum hat man keine Lust mehr? Häufig ist dies das Resultat von Emotionsdämpfern. Sie bestehen oft darin, dass man gekränkt und enttäuscht ist und im Bett nur noch einen Wunsch spürt: »Fass mich nicht an!« Sicher kennen auch Sie diesen Wunsch nach Abstand, wenn Sie sich vom anderen völlig missverstanden fühlen. Dies zeigt sehr deutlich: Es sind die seelischen Verletzungen und Kränkungen, die zur Zerstörung der Intimität führen. Es ist nicht der Alltag, der die Entfremdung bewirkt. Es ist kein zwangsläufiger Prozess. Der Alltag ist eben nicht wie Sandpapier, der das Eheglück wegschmirgelt. Vielmehr sind es vor allem die ständigen Lieblosigkeiten, die zu einem Verlust der Vertrautheit und damit auch der sinnlichen Anziehung führen. Weil man sich nicht mehr als Paar versteht, sich gegenseitig keine Freude mehr macht, weil sich jeder auf eine Verteidigungsposition zurückzieht – erlischt die Erotik. Oder sie wird nur noch selten praktiziert. Feiertage sind häufiger – sagt man salopp in Berlin. Und wenn die Sexualität dann doch passiert, ist sie ohne wirkliche Leidenschaft. Dann denkt man wehmütig an die Zeiten zurück, in denen man ein Feuerwerk der Lust erlebte.

Diese Entwicklung ist auch deshalb so beunruhigend, weil die Sexualität ein starker Partnerschaftspuffer ist. Nach einer leidenschaftlichen, innigen Sexualität spüren wir hautnah, dass wir zusammengehören. Dann erträgt man manchen Streit, manche Konflikte – da man diese Nähe in einer sehr sinnlichen Weise abgespeichert hat. Von daher glaube ich nicht, dass die Sexualität überschätzt wird. Aber die anderen Formen der Erotik, der intimen Annäherung werden unterschätzt. Dazu gehört das Hand-in-Hand-Gehen, das eine tiefe Vertrautheit ausdrückt. Amerikanische Wissenschaftler haben festgestellt, dass durch das Händchenhalten eine starke Beruhigung der Partner eintritt. Wenn Sie jetzt eine neue Nähe in Ihrer Partnerschaft erleben, sollten Sie damit beginnen, dass Sie wieder Hand in Hand laufen, sich zart berühren und dem Partner zeigen: Ich will Dir nah sein – ohne sofort eine sexuelle Absicht zu verfolgen.

Außerdem sollten Sie sich wieder viel Zeit für das regelmäßige Kuscheln und Massieren nehmen. Ich wundere mich immer darüber, dass vor allem Männer nicht gern massieren. Eine gegenseitige Massage kann ein wunderbares körperliches Lusterlebnis sein, das häufiger auch zum sexuellen Vergnügen führt. Im Wesentlichen geht es hierbei zunächst darum, auf die Wünsche des Partners einzugehen und ihn dabei mit allen Sinnen neu zu erfahren. Es geht um ein Gespräch der Körper, eine erotische Begegnung, die durch die Entwicklung der Partnerschaft eine ungeheure Kraft und Dynamik bekommen hat. Und jetzt besteht auch wieder eine emotionale Grundlage für das Küssen, das wohl die intimste Form körperlicher Nähe darstellt. Nehmen Sie sich also Zeit für das Küssen, das meist zu einem flüchtigen Abschiedskuss verflacht ist. Nun kann das Küssen wieder zu einer sinnlichen Kommunikation werden: Sie erkunden sich gegenseitig mit Zunge und Lippen, spüren den Atem des anderen und merken, dass diese Form des Küssens eine fast gefährliche Intensität der Nähe entwickelt, die Sie mitunter kaum aushalten können.

Sie haben nun das Stadium einer neuen sinnlichen Begegnung erreicht, die für die Partnerschaft wichtig ist. Sie reden auch körperlich wieder miteinander, die Beziehung hat eine leidenschaftliche Spannung bekommen. Jetzt haben wir den Mut zu einer wirklichen erotischen Annäherung. Wir denken oft, dass die sexuelle Hingabe vor allem damit zu tun hat, dass wir uns schwach und verletzlich zeigen können. Doch in Wirklichkeit setzt der sinnliche Austausch eine große Stärke voraus, denn ich muss mich dem anderen öffnen, ohne mich zu verlieren. Und deshalb führt meine Strategie MEFU nicht nur zu einer Verbesserung der sozialen Kompetenz. Indem wir selbst stärker und lebendiger werden, steigt unsere Fähigkeit zur intimen Nähe. Dazu könnten Sie jetzt – auch wenn es eine längere erotische Pause gab – wieder den Mut aufbringen. Und Mut gehört dazu, weil eine intensive Nähe immer ein Abenteuer darstellt, das mit vielen Verunsicherungen verbunden ist.

Das Fest der Sinne

Oft werde ich gefragt, welche Techniken man nun anwenden kann. Techniken mögen manchmal sinnvoll sein, wenn man Neues ausprobieren will. Aber in dieser Phase geht es nicht um Techniken, sondern darum, dass wir unbekümmert und aufgeregt den Partner neu kennenlernen. Es geht darum, ihm Freude zu bereiten und ihn unbeschwert neugierig zu erspüren. Wenn wir dazu bereit sind, ist dies ein Fest der Sinne. Weit entfernt von jener Sexualität, die oft ein Pflichtprogramm ist. Es ist eine neue Form der Nähe, in der jeder auch die Wünsche des anderen bejaht, sein Begehren, seine Leidenschaft. Die Problematik der üblichen Sexualität besteht darin, dass man sich auf eine gemeinsame Schnittmenge geeinigt hat. Nur noch ein sehr geringer Teil der Wünsche und Bedürfnisse wird ausgelebt. Alles reduziert sich auf den kleinsten gemeinsamen Nenner. Jeder ist in der Erotik frustriert und kaum bereit, auf die Wünsche des anderen einzugehen. Deshalb sollten Sie jetzt damit beginnen, den Partner nach seinen Bedürfnissen zu fragen. Und Sie sollten auch den Mut haben, dem Partner die eigenen Wünsche zu vermitteln. Doch hierbei gibt es zwei wichtige Voraussetzungen: Keiner kommentiert die Vorstellungen des anderen. Jeder soll zunächst dessen Wünsche positiv aufnehmen, aber er muss nicht darauf eingehen. So entsteht auch in der Erotik eine Stimmung von Offenheit und Achtsamkeit und Sie werden im Laufe der nächsten Wochen einen unglaublich intensiven, lebensverändernden Sex erleben.

Nun mahnte eine befreundete Journalistin, ich solle nicht nur die Erfolgsfälle schildern. Viel interessanter sei es, das Scheitern zu beschreiben. Das sei doch im Leben häufiger und man könne viel davon lernen. Ich stimmte ihr zu. Bereits bei den Entwicklungsbremsen habe ich dargestellt, dass Partnerschaften zwangsläufig durch unseren eigenen Lebensmut begrenzt werden. Und dies zeigt sich auch beim Thema Sexualität. Immer wieder berate ich Frauen, die sehr daran interessiert sind, dass im Bett wieder etwas läuft. Sie klagen über die Männer, die nicht nur im Gespräch mauern. Oft ziehen sie sich auch in der Sexualität zurück, sie suchen die körperliche Annäherung nicht mehr und hierbei spielt die Angst zu versagen, eine wichtige Rolle. Immer mehr Männer leiden unter Erektionsproblemen und dies müssen die Frauen verstehen, wenn sie eine Belebung der Sexualität bewirken wollen. Sie müssen dazu nicht nur ihre eigenen Wünsche spüren – dies ist die Gestaltungskraft. Sie brauchen vielmehr Einfühlungsvermögen, also Sozialkompetenz, um einen geschickten Zugang zu ihren Männern zu bekommen, die so gern stark wären und es doch nicht sind.

Eine Stimmung von Vertrauen ist die unverzichtbare Basis, aber es ist auch eine Lockerheit im Bett wichtig, die Fähigkeit gemeinsam herumzualbern und miteinander zu lachen. Dies war auch die Erfahrung einer 50-jährigen Patientin. Seit vielen Jahren hatte sie in ihrer Ehe keinen Sex mehr und litt sehr darunter. Alle Gespräche mit ihrem Mann führten zu nichts. Immer verhielt er sich im Bett »korrekt«, er massierte ihr den Rücken, aber seine Hände wanderten nicht in den Bereich der erotischen Zonen. »Ich bin doch kein Naturschutzgebiet«, empörte sie sich. Sie schrieb ihrem Mann einen Brief – den er ausweichend beantwortete – und häufig rüttelte sie an ihm, war gekränkt und verzweifelt. Das änderte sich erst, als er einmal äußerte, sie wären doch früher viel unbekümmerter und frecher gewesen. In den letzten Jahren waren sie sehr ernst geworden, sie war erkrankt und der Kontakt zur Schwester war abgebrochen. Sie war oft traurig, ihr Mann tröstete sie – die Beziehung entwickelte sich zum Sanatorium. Und die Erotik wurde immer geringer. Es war wie eine Befreiung für sie, dass sie diese Zusammenhänge erkannte. Endlich hatte sie ein neues Ziel: Sie wollte sich ändern. Sie wollte mit ihrem Mann intensiv leben und ging mit ihm wieder auf Einladungen. Als sie dann leicht angeheitert und lachend von einem Fest nach Hause kamen, trug er sie über die Schwelle und der Sex blühte wieder auf. Dies alles dauerte viele Monate. Solche Entwicklungen brauchen Zeit. Oft müssen wir unser Wertesystem, unsere Lebenseinstellungen und Gewohnheiten ändern – damit die Erotik wieder lebt. Oder kurz gesagt: Wir müssen unser gesamtes Leben ändern, wir müssen unser eigenes Leben lieben – dann lebt auch die Liebe. Dann gelingt auch der Sex.

Strategie 14: Geschütze auffahren

Inzwischen ist sicher eines deutlich geworden: Mein Konzept der »Partnerschaftsbelebung« ist aufregend und tiefgreifend und deshalb meist erfolgreich. Viele Ratsuchende haben in den letzten Jahrzehnten erlebt, dass durch ihre eigene Veränderung die Liebesbeziehung verbessert wurde. Dabei reicht bei kleinen Partnerschaftsproblemen meist schon die Schwerpunktverlagerung des Lebens aus, um eine Basis für den Wandel in der Liebesbeziehung herzustellen. Indem wir unsere Freundschaften stärker pflegen und uns um uns selbst kümmern, entlasten wir den Partner von zu starken Ansprüchen. Aber es entsteht auch eine neue leidenschaftliche Spannung, weil die bisherige selbstverständliche Vertrautheit aufgehoben wurde. Und nun beginnt ein dramatischer Prozess. Der Partner spürt, dass er sich bemühen muss. Er spürt, dass die bisherige Beruhigungsformel (»Ich bleibe immer bei Dir – egal, was passiert«) gekündigt wurde. Aus gutem Grund hat er nun Angst, die Liebe könnte irgendwann zu Ende sein. Tatsächlich gibt es dann reale Bedrohungen, die zum Zerfall der Liebe führen können. In dieser Phase überlegt der unzufriedene Partner immer, ob es nicht andere Frauen bzw. Männer gibt, die ihre/seine Wünsche besser erfüllen könnten.

Man äugelt dann nicht nur, sondern findet Gelegenheiten zu einem Seitensprung. Denn überall gibt es »Jäger«, die sich auf der Suche nach Frauen befinden, die in ihrer Partnerschaft vereinsamt sind. Sie spüren genau, dass sich diese Frauen nicht mehr vollständig an ihre bestehende Partnerschaft gebunden fühlen, und wagen oft eine erste Annäherung. Sie beginnen ein Gespräch, machen Komplimente, werben aktiver und prüfen, ob diese wunderbare Frau untreu werden könnte. Dies registriert der Partner sehr aufmerksam, nachdem er sich jahrelang auf dem Gefühl ausgeruht hat, eine gute Ehe zu führen.

Wie aufrüttelnd dies sein kann, beschreibt Pearl S. Buck in ihrem wunderbaren Roman »Die große Liebe«. Edward war schon lange mit Margaret verheiratet. Seit Jahren war ihm aufgefallen, dass seine Frau im Laufe der Zeit zurückhaltender geworden war. Stein für Stein hatte sie eine Mauer errichtet, die sie schützte. Er gewöhnte sich daran, bis er feststellen musste, dass der berühmte Schriftsteller Lewis in einem Roman Margaret fast erotisch beschrieb. Nun reagierte er mit einer massiven Eifersucht und sie war erschüttert. Sie warf ihm vor, er habe die Ehe vernachlässigt, sie sei nicht mehr das Wichtigste in seinem Leben. Es habe sich ein Ehetrott ergeben und sie hätte nicht gewusst, ob er das überhaupt ändern wollte. Edward war über dieses Geständnis erschrocken und erwiderte: »Ich habe den Eindruck, dass wir von Neuem beginnen müssen.« Er versprach ihr, für den Rest des Lebens ein anderer Mensch zu werden und investierte wieder neu in die Ehe.

Solche Krisen können die verkrusteten Ehestrukturen häufig vollständig auflösen. Doch nicht immer gibt es heimliche Bewerber, nicht immer ist der Partner eifersüchtig. Stattdessen kämpfen Sie oft mit massiven Beziehungsproblemen und sind genervt, weil der Partner ständig mauert. Sie selbst entwickeln sich, aber der Partner verhindert jede Veränderung. Sie haben es schon lange aufgegeben zu reden und nun wissen Sie, dass Sie schwere Geschütze auffahren müssen, um die Mauern des Partners zu erschüttern. Alle anderen Maßnahmen reichen nicht aus. Sie können laut werden, toben oder erkranken – nichts hilft. Jetzt müssen Sie deutliche Worte finden. Sie müssen sehr authentisch dem Partner verdeutlichen, wie es Ihnen geht. Manchmal müssen Sie auch mit Trennung drohen, wenn Sie eine grundlegende Änderung anstreben. Man kann keine Omelette machen, ohne Eier zu zerschlagen, und man kann keinen Kampf führen, ohne dass es gelegentlich einen heftigen Streit gibt.

Das gilt vor allem für schwerwiegende Charakterprobleme. Wenn der Partner sehr cholerisch ist, nie zuhört oder sehr viel Alkohol trinkt, wird er sich nie freiwillig ändern. Denn es gibt ein ganz einfaches Lebensgesetz. Wir ändern uns gern, wenn wir davon profitieren. Wer eher sozial ist und sich zu wenig durchsetzt, profitiert immer von der Entwicklung in der Partnerschaft. Doch der autoritäre Partner, der Alkoholiker, der Verweigerer muss zunächst seine »Krücke«, seine Abhängigkeit oder scheinbare Überlegenheit aufgeben. Verzichtet er auf den Alkohol, sein trotziges Nein, seine Überlegenheit – dann merkt er, wie unsicher er wirklich ist. Fast unbarmherzig spürt er seine Defizite. Folgerichtig wird er zu einer Veränderung nur bereit sein, wenn Ihre Haltung von einer großen Entschlossenheit geprägt ist. Ihr Partner wird sich daher nur kooperativ verhalten, wenn er Angst hat, Sie zu verlieren.

Zur Trennung bereit sein

Sagen Sie also dem Partner, dass Sie zwar an der Beziehung hängen, dass Sie aber entschlossen sind, sie zu beenden, wenn sich nichts bewegt. Doch einer solchen Ankündigung müssen Sie Nachdruck verleihen. Wenn sich nichts tut, sollten Sie eine Nacht bei einer Freundin oder im Hotel schlafen. Es gibt ganz reale Warnsignale, die unsere Entschlossenheit signalisieren. Reden Sie also nicht zu viel, gebrauchen Sie die Trennungsankündigung nicht inflationär. Machtprozesse können Sie am ehesten gewinnen, indem Sie Ihre eigene Unabhängigkeit betonen. Fast immer führt dies dazu, dass der Partner ängstlich wird, einlenkt und Ihnen gesteht: »Ich liebe Dich und will nur eins: Verlass mich nicht!«

Dies erlebte auch eine Patientin von mir, die seit 20 Jahren verheiratet war. Häufig wurde sie von ihrem Mann kritisiert, oft drohte er, er könne sich trennen. Schließlich reichte es ihr und sie war nun ihrerseits zur Trennung entschlossen. Sie mietete eine kleine Wohnung an und ihr Partner war erschüttert. Zum ersten Mal lenkte er ein, war zu wichtigen Veränderungen bereit, die Beziehung verbesserte sich grundlegend. Und immer wieder sagte er in den nächsten Monaten zu ihr: »Ich habe Dich unterschätzt, damit hätte ich nicht gerechnet.«

Strategie 15: Humor

Es sind nun viele Monate vergangen – Ihr Partner hat sich inzwischen sehr um Sie bemüht, wesentliche Wünsche sind in Erfüllung gegangen. Aber ein Teil der Probleme lässt sich kaum bewältigen, denn sie sind tief in der Persönlichkeit des Partners verankert. Und nun ist der Zeitpunkt gekommen, wo Sie lernen müssen, sich mit diesen Eigenschaften zu arrangieren. Wenn man sich zu früh arrangiert, ist dies immer ein Prozess der Resignation. Doch jetzt haben Sie viel erreicht und spüren, dass sie tolerant sein müssen. Denn irgendwann stoßen Sie bei der Veränderung in der Beziehung an einen Felsen und wissen, dass Sie sich damit abfinden müssen. Am wichtigsten ist dann der Humor. Sie müssen mitunter die Probleme weglachen können. Gewissermaßen ist der Humor der Stoßdämpfer einer Beziehung. Er ist so wichtig, dass Katharine Hepburn einmal auf die Frage nach ihrer Ehe mit Spencer Tracy antwortete: »Was faszinierte mich an ihm? Sein großartiger Humor.« Bei allen Umfragen steht daher der Humor auf den ersten Plätzen, wenn es um die gewünschten Eigenschaften des Partners geht.

Der Humor hat eine wunderbare Wirkung. Obwohl Sie weiterhin die problematischen Eigenschaften des Partners sehen, fühlen Sie sich nicht mehr an die Wand gedrängt, verletzt und ohnmächtig. Vielmehr haben Sie dazu einen spielerischen Abstand. Deshalb sind Sie auch nicht wütend, sondern reagieren souverän. Solange ich wütend bin, habe ich den Anspruch, dass sich der andere ändert. Doch meine Gelassenheit besteht darin, dass ich humorvoll mit den Schwierigkeiten umgehe und nichts erwarte. Gewissermaßen halte ich es aus, dass der Partner so ist, wie er ist – und kommentiere dies heiter-philosophisch. Insofern ist der Humor der Ausdruck einer großen inneren Stärke.

Und diese Stärke ist keineswegs resignativ, sondern bewirkt, dass der Partner plötzlich zu Wandlungen bereit ist, weil er sich nicht mehr kritisiert und bedrängt fühlt. Dies mag folgendes Beispiel verdeutlichen: Ich unterhielt mich kürzlich mit einer sehr attraktiven jungen Frau. Sie ist recht dominant und meint, sie liebe ihren Mann vor allem dann, wenn er humorvoll mit ihr umgehe. Wenn sie in stacheliger Stimmung sei, frage er manchmal: »Na meine Chefin, wie ist denn die Stimmung heute?« Statt ihr ihre kleinen Launen übel zu nehmen, ginge er meist souverän damit um. Dafür sei sie ihm unendlich dankbar, sie wisse doch selbst, dass sie manchmal schwierig sei. Aber Strafpredigten würden sie immer an ihren strengen Vater erinnern.

Der Humor ist so wichtig in der Partnerschaft, dass ich Ihnen ein zweites Beispiel schildern möchte. Eine junge Frau war mit einem Künstler verheiratet, der einen ausgeprägten Geschmack hatte. Obwohl er nett sein konnte, hatte er immer etwas an ihr auszusetzen. Vor allem ihre Kleider gefielen ihm nie so recht. Und sie handelte entschlossen, als er – kurz vor dem Besuch der Oper – wieder etwas spöttisch fragte: »Und das willst Du anziehen? Ich weiß ja nicht!« Spontan zog sie sich aus, stand splitternackt vor ihm und fragte: »Gefällt Dir das besser?« Ihr Blick war so entwaffnend, dass auch er lachen musste. In Zukunft kommentierte er ihre Kleidung kaum noch und sie musste nur auf den Reißverschluss ihres Kleides deuten und er hörte auf.

Sie spüren sicher, dass der Humor immer nur das Endergebnis eines kraftvollen Prozesses sein kann. Humor setzt voraus, dass wir uns stark fühlen und manches am Partner weglachen können. Dann erhöht sich durch den Humor unsere Souveränität, weil sich sowohl unsere Gestaltungskraft als auch unsere Sozialkompetenz verbessern. Tatsächlich verändert sich durch den Humor jede Partnerschaft so, als würde man plötzlich ganz neue Wege gehen. Und der Partner ist meist sehr erleichtert, weil anstelle von Vorhaltungen, Empfindlichkeiten und Streitgesprächen ein gemeinsames entwaffnendes Lachen möglich ist.

Strategie 16: Mit Rückschlägen rechnen

Doch diesen Humor können Sie nur bewahren, wenn Sie trotz gelegentlicher Rückschläge entspannt bleiben. Rechnen Sie also immer mit einem Auf und Ab der Liebe. Jedes Mal, wenn der Partner wieder in die gleichen Fehler verfällt, reagieren wir sonst zu empfindlich. Drei Wochen ging alles gut, jetzt tritt bereits der erste Rückfall ein, sein Frühstücksgeschirr steht abends noch auf dem Küchentisch. Aber damit hätten Sie rechnen müssen. Es ist normal, wenn nach einigen Wochen die Bemühungen nachlassen. Er schaut dann morgens wieder in die Zeitung, redet wenig und schweigt. Solche Rückschläge sind so normal wie die Frühjahrsmüdigkeit oder wie die Tatsache, dass wir die Steuererklärung jedes Jahr immer auf den letzten Drücker abgeben. Wie viel Nachsicht wir aufbringen sollten, beschreibt schon die Bibel. Dort fragt Petrus, wie viel Geduld er mit seinem Bruder haben sollte. Und Jesus antwortet: »Nicht siebenmal, sondern siebzig mal siebenmal!«

Sich gegenseitig ertragen

Aber wir brauchen nicht nur Geduld. Wir müssen sogar lernen, uns gegenseitig zu ertragen, meinte Gabriel G. Marquez. Und wenn Ihnen dies nicht gelingt, dann entfernen Sie sich zumindest vom Partner. So entziehen Sie sich der Ohnmachtsfalle. Stehen Sie also vom Frühstückstisch auf, gehen Sie in einen anderen Raum und machen Ihre Morgengymnastik, wenn Ihr Mann immer schlecht gelaunt ist. Handeln Sie, beginnen Sie fröhlich den Tag und teilen Sie ihm dann mit, Sie seien ihm dankbar, dass er mit seinen Bemühungen immerhin drei Wochen durchgehalten habe. Damit hätten Sie gar nicht gerechnet. Er wird verblüfft über diese anerkennenden Worte sein, weil er bereits mit kritischen Kommentaren gerechnet hat. Denn eines müssen wir wissen: Sehr häufig ist Anerkennung der beste Weg, um das gewünschte Ziel zu erreichen. Die meisten Menschen (wenn sie nicht sehr kämpferisch gestimmt sind) tun fast alles, um eine positive Resonanz zu bekommen. Loben Sie also bereits die ersten, kleinen Bemühungen des Partners, um ihn zu noch größeren Anstrengungen zu motivieren.

Drei Sünden werden toleriert

Zu dieser Anerkennung sind Sie natürlich nur in der Lage, wenn Sie halbwegs tolerant sind. Das müssen Sie sich allerdings manchmal regelrecht erarbeiten. Denn wenn Sie den Partner zu grundlegenden Wandlungen eher schieben mussten, sind Ihnen seine Fehler immer sehr präsent. Trotzdem sollten Sie beschließen, dem Partner drei Minuspunkte pro Tag zuzugestehen. Diese zählen nicht. Diese Großzügigkeit müssen Sie aufbringen: Sonst werden Sie kleinlich, zu einem Buchhalter der Liebe, der nur noch die Fehler des anderen sieht. Doch Liebe bedeutet auch, dass wir vieles tolerieren, über manches hinwegsehen. Ich empfehle immer die Drei-Tages-Regel: Sagen Sie dem Partner nur etwas, wenn Sie sich spontan sehr ärgern oder wenn Sie nach drei Tagen noch immer daran denken müssen. Kleine »Sünden« werden sofort gestrichen, konzentrieren Sie sich eher auf die positiven Eigenschaften, das schafft einen Immunschutz der Liebe, der viele kleine Belastungen abwehrt.

Wir trennen uns zu früh

Sie haben inzwischen viel in die Beziehung investiert und werden immer wieder zwischen drei emotionalen Zuständen hin- und herschwanken. Gelegentlich sind Sie glücklich, häufig zufrieden und manchmal fragen Sie sich trotzdem, ob nicht ein anderer Partner besser zu Ihnen passen würde. Diese Frage müssen wir uns tatsächlich gelegentlich stellen – aber ich empfehle dringend: Setzen Sie sich bitte mit dieser Frage erst auseinander, wenn Sie sich über einige Monate hinweg um die Verbesserung der Partnerschaft bemüht haben. Besser gesagt: Wenn Sie die Veränderungen Ihres eigenen Lebens spüren und merken, dass Sie nun viel geschickter und entspannter mit dem Partner umgehen können. Dann müsste es auch zunehmend sehr vertraute Momente und gelungene Gespräche geben. Mit Sicherheit wird Sie dies toleranter stimmen und Sie werden bereit sein, manche Eigenheiten des Partners zu ertragen. Partnerschaft ist eben manchmal auch »Durchhaltevermögen« oder »Trotzdem« – diese Erkenntnis hing über dem Schreibtisch von Kurt Tucholsky.

Es gibt keine Partnerschaften, die immer glücklich und harmonisch sind. Als ich noch sehr jung war, glaubte ich zwar an die perfekte Partnerschaft. Ich trennte mich, wenn mich grundlegende Eigenschaften störten. Doch im Laufe des Lebens wurde mir klar, dass es keine perfekten Menschen gibt. Und obwohl ich mich sehr bemühte: Auch ich bin nicht perfekt. Jeder von uns hat schwierige Eigenschaften. Meist sind sie die Kehrseite unserer positiven Fähigkeiten. Der zuverlässige Mann ist nicht unbedingt ein aufregender Kerl, der lebendige Typ ist nicht zuverlässig. Insofern müssen wir immer gewisse Nachteile des Partners ertragen und sollten es auch lernen, Krisen durchzustehen. Sonst fangen wir immer nach einigen Jahren eine neue Beziehung an.

Wir müssen realistische Ansprüche an die Liebe stellen, damit wir die positiven Seiten der Beziehung sehen können. Die Liebe muss nicht immer aufregend sein, der Partner muss nicht die absolute Ergänzung darstellen. Es reicht nach meiner Erfahrung aus, wenn wir in einer Beziehung ein gutes Team sind, wenn wir gelegentlich Herzklopfen haben und hin und wieder sehr froh sind, dass wir diesen Partner gefunden haben. Dieses gelegentliche Glücksgefühl lässt uns auch trübe Zeiten überstehen.

Unser Anspruchsniveau

Wenn wir in der Partnerschaft ein dauerhaftes, kleines Glück empfinden, dürfen wir uns nun auch die Frage stellen, ob nicht manchmal unser Anspruchsniveau zu hoch ist. Sollten wir nicht unsere Ansprüche an die Liebe etwas senken und uns über die gelegentlichen Glücksgefühle freuen? Tamara Dembo verwendete in den dreißiger Jahren den Begriff des Anspruchsniveaus. Sie war der Ansicht, dass wir es immer wieder senken müssen, um uns entwickeln zu können. Bei allen Lebensblockaden spiele ein zu hohes Anspruchsniveau die Hauptrolle. Und dies ist auch in der Liebe der Fall. Nachdem Sie sich monatelang um die Verwirklichung Ihrer Liebesideale bemüht haben, kommt nun der Zeitpunkt des Realismus. Wir müssen damit leben, dass es in jeder Partnerschaft häufiger Krisen gibt, dass man sich hin und wieder tagelang nicht so gut versteht. Wenn wir zu sehr im Reich der Illusionen leben, werden wir jede Partnerschaft frühzeitig beenden.

Die Liebe gelingt doch nie so, wie es uns in romantischen Filmen und schlichten Liebesromanen vorgespielt wird. Selten gibt es lange Zeiten der Harmonie, immer wieder gibt es Konflikte und Enttäuschungen. Und dies erfordert dann nicht nur ein großes Durchhaltevermögen. Man muss auch auf die Realisierung mancher Wünsche verzichten. Und man muss sich überlegen, wie man damit umgeht, dass der Partner einige Bedürfnisse nie erfüllen wird. Dann müssen Sie sich fragen, ob Sie diese quasi beerdigen oder ob Sie in der Lage sind, sie in Freundschaften zu befriedigen. »Ich bin schon mit dem richtigen Mann zusammen. Er ist beständig und treu und ist immer für mich da. Ich schlafe gern neben ihm und mit ihm und freue mich oft über ihn. Wenn er nicht so ruhig wäre. Aber ich habe einen Freund, der auch Musiker ist. Und mit dem kann ich wunderbar reden. Er ist leidenschaftlich, ich kann mit ihm rumspinnen, Pläne schmieden, lästern. Ich kann ihm meine Phantasien und Träume anvertrauen, ohne dass er sie zerpflückt. Er ist die Ergänzung zu meinem Mann«, so eine Musikerin.

Nicht immer gelingt jedoch ein solcher Ausgleich, nicht immer wollen wir verzichten. Manchmal spüren wir, dass uns diese Beziehung nicht genügt. Dann löst bereits eine kleine Belastungssituation, eine kleine Kränkung eine Krise aus. Das ist jedoch kein Grund, die Partnerschaft zu beenden. Schließlich geraten alle Beziehungen gelegentlich in eine Krise. Trennen Sie sich also nicht überstürzt. Denn 85 % der Deutschen sagen, dass wir uns zu schnell trennen. Es gibt nach meiner Erfahrung zwei ganz eindeutige Merkmale, wann es sich lohnt, dass Sie in Ihre Partnerschaft investieren. Ihre Beziehung hat eine Chance, wenn Sie beide miteinander lachen können und wenn Sie sich daran erinnern können, warum Sie sich früher in Ihren Partner verliebt haben. Dann glimmt noch etwas Liebesglut und Sie dürfen die berechtigte Hoffnung haben, dass Ihre Beziehung wieder lebendiger werden könnte. Dann macht es Sinn, wenn man solche Krisen durchsteht und selbst etwas dabei lernt.

Investieren Sie daher viel Herzblut und Verstand in Ihre Liebesbeziehung und haben Sie Geduld mit sich und dem Partner. Ich wende das beschriebene MEFU-Programm seit vielen Jahren an und über 90 % der Paare geht es hinterher erheblich besser. Fast immer stellen sie nach etwa einem Jahr fest, dass sie inzwischen die kritischen Probleme als wesentlich weniger gravierend ansehen.

Allerdings gibt es auch Partner, von denen man sich trennen muss. Das ist dann der Fall, wenn sich die Partnerschaft trotz unserer Bemühungen auch nach einem Jahr fast nicht verändert hat. Dann spüren wir, dass wir unsere Wünsche beerdigen müssen, dass wir uns völlig auseinandergelebt haben. Dann merken wir, dass wir allein glücklicher sind als zu zweit. Konkret bedeutet dies, dass wir uns trennen, wenn uns die Partnerschaft mehr Kraft kostet als sie uns gibt. Nach Aussage einer Umfrage des Stern trifft dies auf 6 % der Beziehungen zu. Doch die meisten Beziehungen sind so durchwachsen, dass uns eine Entscheidung schwerfällt. Zwar reden wir nur noch sachlich miteinander und die Nähe ist sehr verhalten. Aber trotz aller Schwierigkeiten gibt es viele kleine emotionale Bindungsfäden. Schließlich haben wir uns früher einmal sehr heftig geliebt, haben viel miteinander erlebt, haben miteinander gelacht und uns in schwierigen Zeiten beigestanden. Auch deshalb fällt uns eine Trennung schwer. Und dann sollten Sie sehr leidenschaftlich die eigene Entwicklung vorantreiben. Fast immer wird dann Ihre Beziehung wesentlich lebendiger werden. Und das Geheimnis dieser Verbesserungen ist ganz einfach: Wir können unsere Partnerschaft gravierend intensivieren, wenn wir uns selbst verändern.

Dazu müssen wir aber die Auffassungen der romantischen Liebe überwinden. Die Romantiker glauben, dass die Liebe nicht beeinflussbar ist. Sie träumen vom großen Gefühlsrausch und sind der Meinung, dass die Liebe eine Schicksalsmacht ist, die uns zustößt. Doch in Wirklichkeit kann man die Liebe durchaus verstehen und intensivieren. Deshalb noch einmal meine Empfehlung: Bemühen Sie sich ein Jahr lang um die Partnerschaft, indem Sie sich selbst entwickeln. Und dann geht es Ihnen hoffentlich so wie einer Patientin, die mir sagte:

Ein Wunder…

»Zwanzig Jahre lang habe ich versucht, meinen Mann zu ändern. Nichts passierte. Er war zu passiv, war zu empfindlich, ich wollte mich trennen … Aber durch meine eigene Entwicklung ist ein Wunder passiert.« Sie habe mehr auf sich geachtet, es wäre ihr besser gegangen. Sie habe ihren Mann weniger kritisiert. Ihr Mann habe sich mehr verstanden gefühlt, sei von selbst aktiver geworden. Sie habe sich wieder neu in ihren Mann verliebt, obwohl sie sich noch vor einem Jahr trennen wollte.

Nun danke ich noch meinen Patienten und Paaren, von denen ich sehr viel lernen durfte. Alle Falldarstellungen habe ich so weit verändert, dass sie nicht persönlich zu erkennen sind. Und Ihnen danke ich für Ihr Interesse und Ihre Geduld und wünsche Ihnen viel Erfolg.

Ihr Wolfgang Krüger

P.S. Wundern Sie sich bitte nicht, wenn Sie nach einem Jahr - trotz großer Entwicklungen in Ihrer Partnerschaft - wieder unzufrieden sind. Sie sind dann anspruchsvoller geworden, spüren neue Wünsche und das Ringen um die Verbesserung der Partnerschaft beginnt erneut.

Wolfgang Krüger im BOD-Verlag

Die erfüllte Sexualität – Erkenntnisse aus zwölf erotischen Romanen. Jeder kann einen erfüllten, himmlischen Sex erleben. Mit sehr anschaulichen Hinweisen und Fragen zeigt das Buch auf, wie wir unsere Sexualität verbessern können.

Effi Briest auf der Couch - Eine psychologische Reise durch 12 Liebesromane Schriftsteller haben schon immer das Wesen der Liebe besser erfasst als die Wissenschaft. Liebesromane sind deshalb eine Fundgrube für alle Leser, die Antworten auf die Fragen der Liebe suchen. So ist ein ungewöhnlicher Liebesratgeber entstanden, in dem das gesamte heutige Wissen über die Kunst der Liebe enthalten ist.

Eifersucht – Der selbstbewusste Umgang mit einem ungeliebten Gefühl. Eifersucht ist ein Warnsignal der Liebe, denn wenn wir lieben, wollen wir die Beziehung schützen. Doch wir müssen selbstbewusst mit der Eifersucht umgehen, weil sie sonst zerstörerisch sein kann. Wolfgang Krüger beschreibt die drei Stufen der Eifersucht, wie man sie erkennt, wie man sein Selbstbewusstsein steigert und seine Abhängigkeit verringert. Er zeigt uns, wie man so um den Partner wirbt, dass man ihn an sich bindet und dadurch die eigenen Eifersuchtsgefühle überwindet.

Treue – Der Konflikt zwischen Begehren und Versuchung
Dies ist ein Buch für alle, die rechtzeitig einen Seitensprung erkennen wollen, einen Seitensprung verkraften mussten und lernen wollen, treu zu sein, ohne dass sie das Gefühl haben, auf etwas zu verzichten.

Freundschaft: beginnen, verbessern, gestalten Ein sehr lebensnaher Ratgeber über die Kunst der Freundschaft.

Über-Leben in der Patchworkfamilie – mit Katharina Münzer. Der dänische Erziehungsexperte Jesper Juul schreibt im Vorwort: „Mir gefällt alles in diesem Buch ... Die Schilderung von Wolfgang Krüger und Katharina Münzer kann ein Vorbild für viele Stiefeltern sein."

Tomaten, Nachbarn, Gartenzwerge - Wie ich Laubenpieper wurde
Ein Buch über neugierige und hilfsbereite Nachbarn, über die Komik und den alltäglichen Wahnsinn in einer Laubenkolonie. Und eine Liebeserklärung an das Leben in der Natur: an das Prasseln des Regens, das Geschrei der Krähen und das Glück des Gärtners.

Humor für Anfänger und Fortgeschrittene
Ein Humorprogramm für Anfänger und Fortgeschrittene, das unser Leben innerhalb von drei Monaten tiefgreifend verändern kann. Mit persönlichen Briefen von Astrid Lindgren, Gerhard Schröder, Dieter Hildebrandt und mehr als zwanzig weiteren Prominenten.

Die Geheimnisse der Großeltern
unsere Wurzeln kennen, um fliegen zu lernen
Jeder von uns ist geprägt durch seine Beziehung zu den Großeltern. Ihr Schicksal müssen wir kennen, um die Familiengeheimnisse und Familienaufträge, die Defizite und traumatischen Ereignisse zu entschlüsseln.

Neuerscheinungen siehe dr-wolfgang-krueger.de